A. G

El proceso ACTUAL para tener Personal Feliz
y Organizaciones Prósperas
con un Enfoque 100% Humano.

ANA MARÍA **GODÍNEZ** / GUSTAVO **HERNÁNDEZ**

Recursos Humanos HUMANOS

OTROS LIBROS DE LOS AUTORES

Estos libros pueden ser adquiridos mediante la página www.amazon.com, www.lulu.com o bien mediante Ignius Media directamente llamando a +52 (477) 773-0005 o escribiendo a info@ignius.com.mx.

El Prodigio

- Integra la Competitividad como herramienta clave en todas las áreas de tu vida.
- www.elprodigio.com.mx
- Ignius Media Innovation, 2008

Despertar

- Libera el potencial infinito que hay dentro de ti.
- www.despertemos.net
- Ignius Media Innovation, 2009

Vitaminas para el Éxito

- ¡Consigue lo que deseas!
- www.igniusmedia.com
- Ignius Media Innovation, 2010

Despertares en Armonía

- Relatos que enriquecen e inspiran el corazón, realizados por Mujeres que comparten su Despertar a la Armonía.
- www.despertemos.net
- Ignius Media Innovation, 2010

Despertares en Armonía II

- Nuevos relatos que enriquecen e inspiran el corazón.
- www.despertemos.net
- Ignius Media Innovation, 2013

El Gran Libro de los Procesos Eficientes

- Los principios actuales de LEAN MANUFACTURING en industrias, negocios y Oficinas, ¡Aplicados sin Igual!
- www.igniusmedia.com
- Ignius Media Innovation, 2014

El Gran Libro de las Mejores Preguntas para Vender

- Los secretos de la herramienta más poderosa que puede DUPLICAR TUS VENTAS: Vende Preguntando®
- www.igniusmedia.com
- Ignius Media Innovation, 2014

Lo que la Gente Lista sabe del Aprendizaje

- El aprendizaje es la llave que te permitirá abrir cualquier puerta en tu vida
- www.igniusmedia.com
- Ignius Media Innovation, 2014

Planeación Estratégica TOTAL

- Descubre lo que tienes que saber para ser EXITOSO EN LOS NEGOCIOS.
- www.igniusmedia.com
- Ignius Media Innovation, 2014

Empoderamiento Emprendedor

- SNAP: La Metodología que ha Formado EMPRENDEDORES IMPRABLES
- www.igniusmedia.com
- Ignius Media Innovation, 2015

El Emprendedor SIN LÍMITES

- SNAP: ¡A Metodología que ha formado EMPRENDEDORES INNOVADORES
- www.igniusmedia.com
- Ignius Media Innovation, 2015

Sé tu Jefe en 6 MESES

- SNAP: La Metodología que ha guiado a los EMPRENDEDORES TRIUNFADORES.
- www.igniusmedia.com
- Ignius Media Innovation, 2015

Recursos Humanos HUMANOS

D.R. © 2015, Ana María Godínez González y Gustavo Hernández Moreno www.ignius.com.mx

Publicado por: © 2015, Ignius Media Innovation, León, Guanajuato, México
+52 (477) 773 – 0005
www.igniusmedia.com

Diseño de Cubierta:	Pablo Vázquez
Diseño de Interiores:	Gustavo Hernández Moreno
Corrección de Estilo:	Magdalena Méndez
	María Elena Méndez Torres
	Carlos Alonso Pérez Fernández
Fotografía de Portada:	Gustavo Hernández Moreno
Primera Edición:	Septiembre, 2015
ISBN:	ISBN: 978-607-00-7782-1
Registro de Autor:	03-2014-022410024700-01

electroóptico, por fotocopia o cualquier otro, sin el permiso previo, por escrito de los autores.

Límite de Responsabilidad / Descargo de Responsabilidad: Tanto el editor como el autor han puesto sus mejores esfuerzos en preparar este libro, no obstante, ellos no hacen o se comprometen a algún tipo de responsabilidad o garantía. Ningún tipo de garantía puede ser extendida por ningún tipo de representante de ventas o distribución. Las recomendaciones y estrategias contenidas en el presente, pueden no ser ajustadas a tu situación en particular.

ANA MARIA GODÍNEZ

 Psicóloga, Empresaria, Escritora, Conferencista, Master en Dirección Estratégica y Gestión de la Innovación; Experta en Grupos Operativos, Herramientas Avanzadas de Educación y Entrenamiento Dinámico, Liderazgo Transformacional y Ventas; especializada en procesos Industriales y Métodos de Negociación y Solución de Conflictos, cuenta con más de 16 años de experiencia práctica profesional.

Su formación y crecimiento interpersonal la han llevado a desarrollar innovadoras perspectivas en soluciones únicas de Productividad, Liderazgo, Ventas, Estrategia, Marketing, Éxito y Desarrollo Personal, creando un gran poder de transformación y acción, generando enormes beneficios, ventas y utilidades en las empresas y organizaciones asesoradas.

Desde muy temprana edad demostró sus habilidades en los negocios y relaciones humanas, creando emprendimientos de alta calidad, pero sobre todo, siempre orientados a resultados con una amplia perspectiva de futuro. En lo académico se destacó por ser invitada por profesores a compartir sus habilidades en Aprendizaje Acelerado.

Sus habilidades de Comunicación la han llevado a ser ampliamente reconocida por sus "video—entrenamientos" que, mes a mes, llegan a miles de personas en toda América

GUSTAVO HERNÁNDEZ

Empresario, consultor y constante conferencista internacional, Ingeniero Industrial, Máster en Dirección Estratégica y Gestión de la Innovación es, también, Experto en Desarrollo Tecnológico, Diseño de Software, Métodos de Solución de Problemas y Creador de Trabajo Eficiente; así mismo Inventor, Fotógrafo, Productor, Editor y Escritor.

Se desempeñó exitosamente como Director General de una reconocida compañía proveedora internacional de la Industria Automotriz, cuyas ventas anuales superaron los $100 millones de dólares entregando sus productos a diferentes y más destacadas marcas continentales como BMW, Toyota y GM entre muchas otras.

A sus logros se suman la creación de diversas empresas de Innovación y Desarrollo de Tecnología aplicada a productos, procesos y servicios, cuyas patentes llegaron a protegerse y comercializarse internacionalmente por sumas mayores a los $20 millones de dólares.

Es un individuo, ejemplar, creativo e incansable que está en una continua búsqueda y desarrollo de soluciones que ayuden a cientos de miles de personas y organizaciones a tener mejores resultados y aumentar su nivel de prosperidad, eficiencia y felicidad.

AGRADECIMIENTO

Agradecemos a cientos de organizaciones que a lo largo de más de una década nos han permitido apoyar el desarrollo personal y profesional de sus colaboradores.

Gracias a todos aquellos empresarios que creen en el poder del potencial humano para el desarrollo de sus empresas y que están conscientes de que todos sus colaboradores son pieza clave para que su organización crezca y se desarrolle positivamente.

Gracias a todos los colaboradores que nos han hecho crecer como seres humanos y profesionistas.

Gracias a todo nuestro equipo de trabajo por aportar y dar siempre su máximo esfuerzo para hacer que las cosas sucedan.

DEDICATORIA

Este libro esta dedicado a Ti, estimado lector que tienes el interés y la motivación de mejorar y desarrollar el pilar más importante de cualquier organización "El Talento Humano".

Los tiempos han cambiado y este siglo XXI pondrá en el lugar que merece a las áreas de Recursos Humanos, Capital Humano, Desarrollo del talento, o como le llames dentro de tu empresa, ya que una misión importante para lograr el crecimiento y expansión de las empresas será el lograr que TODOS los colaboradores a todos los niveles se enamoren de sus puestos de trabajo, desarrollen una carrera dentro de la organización y aporten mejores resultados.

Hoy las empresas requieren de personal altamente productivo, capaz, entrenado, con la mejor actitud, y para lograrlo el único camino es el entrenamiento, capacitación y certificación de su personal.

"En este siglo XXI ya no basta con satisfacer a los clientes, ahora nuestro desafío es sorprenderlos y hacer que se enamoren de tu marca, y para lograrlo requieres que TODOS tus colaboradores hagan su trabajo de manera extraordinaria".
Ana María Godínez"

INTRODUCCIÓN

¡Bienvenido! a este libro que tiene la clara intención aportar ideas y nuevas estrategias que te permitan mejorar las prácticas organizacionales en el tema de Recursos Humanos.

Estamos convencidos que las empresas funcionan, crecen y se desarrollan gracias a todo el potencial y talento que los colaboradores aportan en el día a día. Si queremos tener mejores empresas forzosamente se requiere ponerle atención al tema de Recursos Humanos, y no solo por las personas que integran esta área sino también por todos los directores, gerentes, supervisores y coordinadores que en su momento son los que tienen a su cargo a los colaboradores que se van integrando o ya llevan años en tu organización.

Normalmente Recursos Humanos enamora a los candidatos que quieren cubrir una vacante en la empresa, los capacitan, les dan su inducción, pero cuando llegan estos a sus áreas de trabajo algunos de los gerentes o supervisores no tienen el entrenamiento o la preparación adecuada para continuar de manera exitosa la relación con todos los subordinados que tienen a cargo, es por esto, que este libro no es solo para las personas que se encargan del departamento de Recursos Humanos, sino que también algunos de los capítulos de este libro están escritos para que puedas compartir algunas estrategias e información actual que permita hacer un gran equipo entre Recursos Humanos y todos los responsables de otras áreas de la empresa, con el único objetivo que es "El crecimiento y la retención del talento humano de su organización".

En la primera parte de este libro abordaremos el proceso de Recursos Humanos con ejemplos, ideas, mejores prácticas que seguro te permitirán mejorar lo que hoy se esta haciendo y en la segunda parte del libro compartimos información clave para que otras áreas te apoyen en el cuidado, formación y crecimientos de los colaboradores que tienen a su cargo.

Creemos firmemente que el departamento de Recursos Humanos es una área clave y estratégica que no solo tiene que estar trabajando en hacer la nomina, reclutando, capacitando y despidiendo gente, hoy todo esto puede ser automatizado para que entonces todas las personas que integran el área de Recursos Humanos puedan enfocar más su tiempo en el desarrollo, capacitación de todos los colaboradores.

CONTENIDOS

CAPÍTULO I

PLANEACIÓN / PUESTOS

"No planear es planificar el fracaso".
—Alan Lakein.

Importancia de la Planeación Estratégica

Nos gustaría compartirte en este capítulo información muy valiosa acerca de la planeación estratégica.

Probablemente dirás: "¿Qué tiene que ver conmigo la planeación estratégica si yo soy del área de recursos humanos?". Nuestra labor en este capítulo es, precisamente, ligar la estrategia de tu empresa a recursos humanos.

Es muy interesante cuando hacemos esta conexión porque finalmente, una planeación estratégica no va a suceder por la maquinaria o la infraestructura que pueda tener una organización. Las personas que hacen que una planeación estratégica sea ejecutada y suceda son los colaboradores. Es aquí donde recursos humanos tiene un pilar sumamente importante para contribuir con la organización para hacer que las cosas sucedan.

El tema estratégico orienta a la organización y define el camino que las colaboradores y las diferentes áreas deben seguir para que la empresa siga creciendo.

En nuestra experiencia personal, a lo largo de 11 años hemos podido asesorar a organizaciones en el tema de recursos humanos y lo que hemos aprendido es que la planeación estratégica sucede cuando hay claridad de hacia dónde va la organización.

Es importante tomar en cuenta que todo colaborador clave debe saber claramente hacia dónde va la organización, es decir, cuál es el futuro esperado de ésta.

Lamentablemente, en culturas como México y Latinoamérica, muchas veces los negocios y las empresas solamente van viviendo el día a día y se olvidan de planear el futuro.

La planeación estratégica nos ayuda a tener claramente definidos los proyectos o las acciones que tenemos que hacer para ir asegurando la expansión y el crecimiento del negocio.

Nos gusta compartirle a la gente siempre que el Universo está en continuo cambio. Y este cambio le permite que se expanda y se de un crecimiento constante. Eso es lo mismo que una organización debería de vivir.

Cuando hacemos un plan estratégico, éste debe ayudar a que tu organización siga esta condición natural que es el crecimiento y la expansión.

Otro punto muy importante y trascendente de porqué cualquier empresa debe hacer una planeación estratégica es que ayuda a que tu empresa no se quede en una zona de confort, sino que continuamente tenga nuevos retos que la hagan más competitiva y atractiva al mercado que está atendiendo.

En nuestra experiencia, hemos sido testigos de que las mejores organizaciones incluyen siempre a recursos humanos en el desarrollo de su planeación estratégica.

Somos de la idea de que un plan estratégico no debe venir solamente de la Dirección y de ahí poner "por dedazos" los proyectos que cada departamento debe hacer.

Sugerimos que una planeación estratégica involucre a todas las áreas de una organización: a sus gerencias, mando medios y a la Dirección, para que todos en conjunto alineen los proyectos y entonces suceda lo llamamos "la alineación estratégica".

A lo largo de todo este libro, te vamos a ir compartiendo diferente información para lograr que tu empresa sea más exitosa en el tema de estrategia.

Para empezar, en este apartado te vamos a decir cuál es la base y vamos a compartirte una fórmula que no falla para empezar a elaborar la planeación estratégica.

Lo primero que se debe clarificar es: ¿Cuál es la misión de tu organización? Es decir: ¿para qué existe?, ¿por qué hacen lo que hacen? Esto nos lo da la misión de la empresa.

Cuando esto está muy claro, de ahí se puede derivar perfectamente el resto de la planeación estratégica.

Pero si la dirección o los dueños o los gerentes no tienen claro el porqué existen o porqué hacen lo que hacen, lo que van a hacer en la planeación estratégica es plantear metas u objetivos de crecimiento que no está completos porque no están tomando la esencia de la organización.

Otro punto también importante es el definir: ¿Cómo quieres ver en el futuro a la organización? Aquí hablamos de la visión de la empresa.

La visión tiene que ser a 10 o 15 años en el futuro para que tenga en un reto continuo a la organización y esto ayude a poner los proyectos y las acciones necesarias para que año con año la organización se acerque a esa visión.

Normalmente (y eso es algo que nos entristece mucho), cuando llegas a la recepción de una empresa, ves sus cuadros con la misión, visión y valores, pero cuando empiezas a adentrarte a la organización, te das cuenta de que no los comprenden, no los viven o nada más están viviendo el día a día en los diferentes procesos.

Estas bases no deben ser solamente para poner unos cuadros en la recepción, sino que recursos humanos debe transmitir a todas las personas de la organización esa misión y esa visión para que la empresa pueda avanzar.

Una vez que tenemos claro para qué existimos y hacia dónde vamos, lo siguiente es establecer o generar los planes o los proyectos o los programas que se tienen que hacer para que la empresa cumpla esa misión y llegue en el futuro a esa visión.

En todo este proceso se deben involucrar también a los gerentes o los responsables de las diferentes áreas de la organización para que cada uno pueda poner la colocación correcta de los recursos. Con recursos nos referimos al dinero necesario para que ese proyecto o programa suceda, qué conocimiento o capital intelectual se requiere para que al final, conforme vaya avanzando el año, no se vean frustrados los proyectos por la falta de personal capacitado y las personas necesarias para concretar esas metas.

Las personas son un recursos sumamente importante porque a veces se ponen proyectos o metas muy agresivas y al final los más afectados son los colaboradores de la organización. Es muy importante que recursos humanos le ayude a las diferentes áreas de la organización cuando se esté construyendo la estrategia para que identifiquen qué es lo que van a requerir del área de recursos humanos, qué necesidades de personal o capacitación van a tener en el futuro para que se vayan trabajando y entonces sí, con todos estos conocimientos pueda hacerse realidad todos estos objetivos de la organización.

Elaboración de una Estrategia Organizacional

Muchas veces no hay el presupuesto para que una organización contrate a un consultor externo que les ayude a toda la implementación de la planeación estratégica, es por eso que en algunos capítulos de este libro te vamos a ir dando elementos claves para ayudarte a la construcción y elaboración correcta de tu estrategia.

Recursos humanos es un pilar fundamental para ayudar a la diferentes áreas de la organización a estructurar la planeación estratégica, ya que ésta no va a suceder en lo más alto de la organización (es decir, con la dirección y los gerentes), sino que la planeación estratégica se debe desplegar a lo largo de las áreas y a los niveles más bajos de la organización, porque finalmente todas las personas, si se enfocan a hacer lo que les toca en el tema estratégico, van a contribuir a que la organización pueda llegar más rápido a cumplir con sus metas.

En este apartado te vamos a dar algunas preguntas claves que se deben utilizar en la etapa de construcción de la estrategia para que tengan los elementos claves y que no les falte ninguno.

Antes de empezar a poner las metas de la estrategia en cuánto a la cantidad que quieren vender o qué utilidad desean obtener para el próximo año, lo primero es ubicarse en la realidad. La primera pregunta que se deben hacer es: **¿Qué retos está enfrentando actualmente la organización?**

Es decir:

¿Dónde estamos parados en el sector en el que nos desenvolvemos?

¿Qué desafíos, retos o problemas actualmente tiene la organización que, de no atenderse, en el futuro van a frenar esas metas o esa ejecución de la estrategia?

Cuando estés realizando este primer análisis, todos los participantes de tu organización deben ser completamente honestos.

Otra pregunta muy importante está enfocada a conocer también a tus competidores. Aquí la pregunta clave es: **¿Qué están haciendo mis competidores mejor que yo?**

Hay que dejar de lado el ego y creernos que somos los líderes de nuestro mercado o que todo lo hacemos bien. Porque con esta mentalidad se causa daño a toda la organización e impedimos que salga de su zona de confort.

Todos los competidores nos pueden enseñar algo para implementarlo o mejorar, por eso es trascendental hacer un "benchmark" o análisis de tus competidores, pero no solamente a nivel local. Sube un poco más el estándar e investiga a tus competidores a nivel nacional e internacional.

Con esta información vas a poder identificar qué les está faltando hacer para ser más atractivos al mercado.

Una pregunta importante, esta vez enfocada hacia el interior de la organización, es: **¿Cómo está actualmente el nivel de nuestra tecnología?**

Por tecnología nos referimos a la manera en que están funcionando sus procesos, tanto administrativos como productivos. Es decir:

¿Tienen tecnología obsoleta o muchos de los procesos administrativos todavía se llevan en papel?

¿No tienen un sistema de información que les ayude con estos procesos para hacer eficientes los tiempos?

En pleno siglo XXI, las organizaciones tenemos que estar con la tecnología, ya que es el mejor aliado para hacer eficiente a una organización.

Otra pregunta muy importante va a encaminada hacia poner en papel el siguiente punto: **¿Cuáles son nuestros planes de crecimiento?**

O en términos más simples: ¿Cuánto quieren vender? Esto debes realizarlo siempre ubicándote en el mercado en el que estás, con las estadísticas de años anteriores, para evitar poner metas demasiado irrealistas que lleven a la organización a la frustración por ser demasiado altas y no haber sido alcanzadas.

Para este punto es importante tener datos concretos. Si al momento de estar realizando tu planeación estratégica no tienes este tipo de información estadística, hay que poner los retos sólo un poco altos y conforme los vayan alcanzado, irlos subiendo un poco más. Este es un proceso para evitar la frustración en tu organización.

También es importante considerar a los clientes en la planeación estratégica, para lo que necesitan preguntarse: **¿Qué debemos hacer para retener a nuestros clientes?**

Es de vital importancia considerar una estrategia para siempre tenerlos contentos, porque si nada más establecemos proyectos hacia el interior y no vemos hacia el exterior, podremos crecer hacia dentro de la organización, pero los clientes no van a percibir esas mejoras que estamos haciendo.

Hay que enlistar todas las buenas ideas, que se pueden traducir posteriormente en proyectos, para ayudar a que tus clientes estén más contentos con lo que hoy ustedes como empresa les están entregando.

Otra pregunta clave que deben hacerse es: **¿Cuáles son los recursos necesarios para llevar a cabo estos planes?**

Hasta el momento has identificado algunos proyectos en la cuestión tecnológica, con los clientes, con tus colaboradores, hacia el interior de tus procesos. Ahora lo que resta es ponerlo en planes de trabajo o planes tácticos con fechas límites para que sucedan.

Finalmente, una vez que ya todo está estructurado y ya está en papel, hay que ser muy honestos, observar lo que están planeando para el futuro y preguntarse: **¿Qué cambios pueden pasar en el entorno que pudieran afectar lo que hoy estás planeando?**

Es decir, antes de que te enfoques a ejecutar lo que ya está planeado, empieza trabajando con supuestos. O dicho de otra forma, elabora un plan B.

Por ejemplo: "Si cuando ya estamos avanzados en la estrategia el mercado se colapsa o los clientes X, ¿qué vamos a hacer?"

También hay que agregar estos proyectos de contingencia en la planeación estratégica para que si nos pasan estas situaciones, podamos estar preparados.

Como siempre decimos: La victoria ama la preparación y esta última pregunta es clave para que tu estrategia no se vea frustrada una vez que la estás ejecutando.

Una vez que está elaborado todo este plan, recursos humanos debe ser el vocero de comunicar a toda la organización estos planes y proyectos que se busca lograr.

Ligando RRHH al Plan Estratégico

Probablemente te preguntarás por qué es tan importante ligar Recursos Humanos con la Estrategia.

En nuestra experiencia, cuando empezamos a trabajar estrategia con organizaciones, hay un paradigma de que los planes estratégicos solamente se aplican al área de ventas, producción, para el área de servicios, pero no se toma en cuenta el área de recursos humanos.

Queremos romper con ese paradigma. Nuestra mejor intensión es que Recursos Humanos sea un actor estelar en la implementación de la estrategia, porque finalmente es el área que ayuda a que los colaboradores estén preparados y listos para ejecutar la estrategia.

Hemos visto que las organizaciones más exitosas son las que invitan a Recursos Humanos a que alineen también los planes que ellos traen a la estrategia general para que la organización llegue más rápido y con mejor resultado a lo que está planeando.

Una vez que ya se conocen los proyectos, las metas o los programas a llevarse a cabo en los próximos años, Recursos Humanos debe considerar hacer un plan de trabajo o un plan táctico donde además de lo que ellos ya traigan programados para el año, puedan definir acciones o proyectos estratégicos que ayuden a las otras áreas a que la estrategia suceda.

Algo que te puede ayudar a identificar estas acciones es preguntar a tu staff: **¿Cuáles son las fuerzas y debilidades que hoy tienen tus gerentes y los subordinados de tus gerentes?**

Esto porque finalmente la estrategia es un trabajo extra, no nada más hacer el trabajo diario. Cuando hablamos de planeación estratégica, tiene que haber un tiempo enfocado a hacer las acciones estratégicas además de la operación cotidiana, que debe seguirse haciendo.

Debes hacer un análisis de las fuerzas, debilidades y competencias que actualmente tiene tu personal frente a los retos que tienen que cumplir para que tú como Recursos Humanos, con programas de capacitación les ayudes a ir fortaleciendo esta parte del staff.

Cuando hablamos de planeación estratégica, probablemente tengan nuevos desafíos que hasta hoy la organización no ha vivido y esto va a provocar que se requieran nuevas habilidades técnicas, de liderazgo, de tecnología, por lo que probablemente los líderes de estas áreas necesiten ayuda de Recursos Humanos para que esto suceda.

Es aquí cuando se empieza a dar el verdadero trabajo en equipo. Es cuando Recursos Humanos va a las diferentes áreas para saber qué van a necesitar para lograr con éxito su planeación estratégica.

Hemos estado en muchos corporativos y empresas de todos los tamaños que llevan años haciendo estrategia y algo que te recomendamos evitar es que cuando hagas estrategia los departamentos nada más se enfoquen a sus metas, a sus planes y empiece a existir una competencia interna entre las diferentes áreas, ya que esto al final va a provocar que no lleguen a la estrategia.

Recursos Humanos debe de ser un facilitador que ayude a evitar estos bloqueos que se dan en las diferentes áreas y ayuden a proveer lo que requieren estas áreas para que sí se logren las metas de la empresa, porque al final todos son la empresa.

Una vez que te preguntaste esto y que ya le pusiste soluciones a las situaciones que identificaste, debes asegurarte de que si se va a contratar nuevo personal del staff, éste se vea reflejado en tu plan de trabajo; si vas a entrenar y certificar a este personal o a los que ya están, también se debe ver en el plan de trabajo.

Se puede ver cuando es un corporativo muy grande que se tenga que transferir cierto personal o promover a otros para que la estrategia suceda y también tienes que estar preparado para cubrir esas vacantes, para promover, para entrenar en el puesto.

Finalmente, conforme van avanzando en la ejecución de la estrategia, tienes que estar observando cómo se siente el equipo de trabajo, si realmente están llegando a los resultados, qué les falta, y hablar con dirección o con las áreas necesarias para desatorar esto y que no se vuelva un freno que haga que la planeación estratégica no suceda.

Recursos Humanos es la clave para el cumplimiento del plan estratégico, porque estamos trabajando con personas. La maquinaria o la infraestructura no son los que van a hacer la estrategia, sino las personas (desde las gerencias, mandos medios y personal operativo).

Si ya hiciste tu plan táctico o de trabajo de este año, revisa que cumpla con estos elementos para que te asegures de que todo esté bien amarrado y concluyan con éxito la estrategia de tu organización.

Introducción a las Prestaciones Laborales

En este apartado queremos compartir contigo información muy valiosa acerca de la importancia de las prestaciones laborales en cualquier organización. Esto es fundamental y muchas veces se deja de lado o no se actualizan.

Este tema es trascendental para generar una estadía más larga de tus colaboradores en tu organización, ya que cuando no se toman en cuenta estas prestaciones laborales de ley más algunas otras extraoficiales que tu empresa le pueda dar a los colaboradores, se cae en el riesgo de no generar lealtad e interés de los colaboradores de permanecer en tu organización.

Cuando tú planeas los puestos actuales o los nuevos puestos que va a haber dentro de tu organización, siempre se debe tomar en cuenta qué prestaciones laborales van a tener estos puestos.

Es muy importante poder dimensionar un presupuesto anual para todas estas prestaciones. Tú como Recursos Humanos debes saber cuánto cuesta cada año las prestaciones laborales (de ley y extras) para que siempre esté consideradas y no vaya a haber un año donde la empresa se quede sin presupuesto para cumplir con esta obligación.

Otro punto relevante es el contar con las políticas adecuadas para cuando aplican este tipo de prestaciones laborales. Te recomendamos dedicar un tiempo a ponerlas por escrito y a comunicarlas a los colaboradores para que esto esté absolutamente claro tanto para el área de Recursos Humanos como para tus empleados porque al final es claridad y transparencia en cuanto a cómo se va a manejar la empresa.

También es importante establecer las relaciones o los procedimientos entre las diferentes áreas de cómo van a ser implementadas estas prestaciones laborales. Un proceso bien estructurado y documentado, al final te va a dar orden y tranquilidad, además de evitar malentendidos. Es como un carril, siempre se tiene que hacer de la misma manera y no hay excepciones. Por eso es tan necesario el punto anterior donde todo queda establecido de la mano de las políticas.

Finalmente, es muy importante tener en un sistema o en alguna computadora todas estas prestaciones, comunicarlas a todo el staff de Recursos Humanos para que siempre se aplique de la misma manera.

Mientras tú mejores estas prestaciones laborales y las apliques a tus colaboradores tendrás un mejor ambiente de trabajo y una mayor permanencia de tu personal en la empresa.

Hay empresas que en ocasiones no le dan el peso necesario a las prestaciones de ley y a las prestaciones extras, y esto provoca que tengan una rotación de personal muy continua y al final estos son problemas para tu área.

De acuerdo al país donde tú vivas siempre debes checar cuáles son las prestaciones que la ley establece. A nivel general, las prestaciones típicas que debes brindar a tus colaboradores son:

- Un seguro social.

- Días de descanso obligatorio que siempre deben ser respetados.

- La prima dominical, si en algunos casos aplica que necesites colaboradores que trabajen ese día.

- Vacaciones, que deben ser pagadas a tiempo.

Todos estos puntos es muy importante tenerlos en consideración y que se apliquen como política a todos los colaboradores.

Hacemos mención a esto porque hemos conocido organizaciones donde hay gente que no ha tomado vacaciones en 3 o 4 años y no se les han pagado, por lo que los colaboradores tienen la confianza de que tiene un "colchón" de dinero y cuando las tomen, les serán pagadas estas vacaciones. En nuestra experiencia, esta no es una práctica muy recomendable.

La mejor práctica que hemos visto que funciona y que además te ayuda a cuidar el presupuesto del área de Recursos Humanos, es que las vacaciones se vayan pagando cada año, ya se cuando tocan o en algún periodo designado, pero que siempre se realice un corte anual y que no se vayan acumulando muchas vacaciones sin pagar.

Otro punto que le da tranquilidad a las personas por el dinero extra que puede representar, es la parte del aguinaldo y la prima de antigüedad, porque finalmente es como regresarles una parte a los colaboradores de lo que en el día a día están haciendo por la empresa.

Algo que también se ve como una prestación de ley es la capacitación y muchas veces esto no se toma en cuenta. Cuando hablamos de capacitación es a todos los niveles de la organización. Muchas organizaciones, en ocasiones, en las partes productivas u operativas suelen no capacitar a la gente. Te tenemos noticias: la capacitación debe impartirse por ley, porque permite que un colaborador se desarrolle y vaya adquiriendo nuevas habilidades y conocimientos.

Un empleado o colaborador nunca debe renunciar a este tipo de prestaciones de ley. Es algo que se les debe dar por ley y que si lo haces de manera sistémica y con todos los colaboradores, esto ayudará a que tengas mucha tranquilidad.

A continuación, vamos a hablar del tema de las prestaciones extras que también son muy importantes y generalmente se dan en los niveles gerenciales o directivos, o en algunos mandos medios. Pero también hay prestaciones extras que se le pueden dar al personal operativo y ellos lo agradecerán.

Aquí hablamos de puntos como los planes de retiro, brindar algún seguro médico para gastos mayores, a personas por ejemplo de ventas o direcciones que deben viajar mucho. Hay ocasiones en que algunas empresas dan un seguro de desempleo o ayudan a que se eleve el nivel académico dentro de la organización y brindan asistencia a los estudios para que puedan terminar la primaria, secundaria, preparatoria o incluso hagan una carrera universitaria o un posgrado. Esto genera lealtad y sentido de pertenencia a la empresa porque el colaborador siente que está invirtiendo en el futuro de él y de lo que va a hacer en la compañía.

Otro tipo de prestaciones son préstamos personales. Aquí siempre debe ser muy claro las políticas y reglamentaciones que aplican para tramitarlos, para no generar una expectativa falsa, en especial con personal de las áreas operativas.

Hay que tomar en cuenta que estamos trabajando con seres humanos y puede haber empresas muy alejadas de la ciudad o de la comunidad, por lo que puede ser necesario brindar un subsidio para transporte o si se puede dentro de la misma compañía darles algún servicio de traslado para que lleguen más rápido a la empresa y a su casa a descansar. El personal operativo agradece y valora mucho este tipo de detalles.

Otro punto muy importante es brindar los vales de despensa, vales de gasolina (cuando apliquen), o a niveles gerenciales y directivos, darles el beneficio de que entren a algún club social o centro deportivo tanto por su salud como por el networking que pueden hacer con las personas que se encuentran en este tipo de organizaciones.

Finalmente, algo que realmente no te va a costar simplemente consiste en crear alianzas, es brindar el beneficio de descuentos empresariales. Es decir, con restaurantes cercanos, empresas de muebles, escuelas, o cualquier alianza que pueda apoyar a ahorrar en algo a tus colaboradores, ya que también se sentirán agradecidos por esto.

Hemos visto en algunas empresas que hacen una plantilla de todos los beneficios empresariales que tiene con diferentes organizaciones o negocios y esto también son como bonos o estímulos adicionales que el colaborador va a agradecer mucho.

Otro bono que da mucha tranquilidad a las personas es darles el beneficio de alguna unidad utilitaria por parte de la empresa para que ellos también se sientan comprometidos con este tipo de beneficios que les das.

Tips para las Prestaciones Laborales

Continuando con el tema de las prestaciones laborales, en este apartado nos gustaría complementar con algunos tips importantes para tomar en cuenta.

El tener claro, por escrito y autorizadas las prestaciones laborales es una gran responsabilidad para el área de Recursos Humanos y para toda la organización, que sin duda te van a ahorrar muchísimos dolores de cabeza y van a asegurar que el personal esté tranquilo.

Es muy importante que cada cierto tiempo puedas revisar las prestaciones laborales que estás ofreciendo en tu empresa tanto para el personal operativo como el administrativo, para los sindicalizados, y que si es necesario mejorarlo, lleves a cabo las acciones necesarias para hacer estas mejoras.

Las prestaciones laborales ayudan a que un colaborador tenga una larga permanencia dentro de las organizaciones.

Cuando hagas esta revisión, o bien, cuando generes nuevos puestos de trabajo, es importante que puedas planear con tiempo cuáles van a ser las prestaciones laborales o sueldos que les darás.

Siempre debes dimensionar el presupuesto anual y proyectarlo 5 años adelante, porque esto va a hacer que toda la organización a nivel estratégico esté enterado de cuánto cuesta la nómina, las prestaciones extra, las prestaciones de ley, y que esto siempre se asegure, porque de repente se requieren bajar sueldos o el nivel de prestaciones porque la empresa no está generando lo suficiente; pero esto ocasiona muchos problemas y es algo dañino para la moral de tus colaboradores. Si hoy no la tienes, te sugerimos tener mucha claridad en el presupuesto anual tanto en nómina, como en prestaciones de ley y extras, proyectado a 5 años.

Necesitas también establecer las políticas de contratación, es decir, la información que siempre esté disponible para todos los puestos que tienes dentro de la organización, para que cuando vayas a entrevistar a un posible candidato le puedas dar la información necesaria con datos claros para que esto le de certeza y despierte el interés del futuro colaborador.

Nos ha tocado evaluar a varios entrevistadores cuando están haciendo el trabajo y la principal área de oportunidad que hemos encontrado es que muchas veces cuando el candidato a ocupar la vacante pregunta qué beneficios brinda la empresa, estos entrevistadores se excusan diciendo que no se los han definido, o no tienen el dato, por lo que quedan de comentárselo luego al entrevistado. Esto se ve muy mal porque no se ve profesional.

Para que no tengas estos momentos "de la verdad", incongruentes en tus entrevistas, lo más recomendable es que documentes esas políticas de contratación actualizadas y autorizadas y que tengas claro el nivel salarial y prestaciones que tienen estos puestos.

Es increíble, pero la gran mayoría de las empresas no cuentan con un tabulador de los niveles de salario que tiene la organización. Esto también puede ocasionar problemas en el clima laboral porque los colaboradores hablan entre ellos y se dan cuenta que unos ganan más que otros y esto genera un clima negativo en tu cultura organizacional.

Necesitas también definir y validar los procedimientos donde se menciona cómo o cuándo aplica un aumento de sueldo o cuando va a haber una promoción, y en qué tiempo se puede dar. Si el colaborador y Recursos Humanos tienen claridad en todo esto, te podemos asegurar que todos trabajaran muy a gusto.

Los errores más comunes que se cometen en relación a las prestaciones laborales es que muchas veces no hay claridad en los niveles salariales, ni la Dirección lo sabe y a veces Recursos Humanos no tienen en un sólo lugar la información, por tantos archivos diferentes que manejan.

Esta es un área de oportunidad que te invitamos a poner orden en tu organización.

Otro punto también considerado un error es que muchas organizaciones no tienen definidos los mínimos y máximos para los puestos, entonces los aumentos o falta de estos se definen más bien por favoritismo personales y no por el desempeño de los trabajadores. El punto es que todos los colaboradores se tienen que tratar por igual y por eso debe haber tabuladores con máximos y mínimos para que dé tranquilidad a toda la organización.

Muchas veces no existe una política establecida para los aumentos o los colaboradores no la conocen, lo que empieza a generar rumores de favoritismos al empezar a ver ascensos. Para evitar todo esto, es mejor definir una política de aumentos y comunicarla a toda la organización.

La parte de tener claros los procedimientos, los documentos que se necesitan para autorizar compensaciones laborales e informarlo a los colaboradores es también algo que debes tener muy actualizado.

Otro error muy común es manejar sueldos por arriba o por abajo de lo que el mercado está pagando. Si no tienes información al respecto, por favor acércate a asociaciones que tenga tu sector para que puedas preguntar con las diferentes personas de Recursos Humanos y que te puedan dar este dato. Otra estrategia que puedes usar en este caso y que además te beneficiara al generar más networking es inscribirte en asociaciones de Recursos Humanos de tu ciudad o tu país para que siempre te estén compartiendo información actual y que todo esto esté en orden.

Si esto no se atiende o no se tiene actualizado desde la Dirección hasta tu área de Recursos Humanos, con el tiempo tu organización se va encareciendo y esto va ocasionando muchos problemas que al final afectan a la productividad y resultado que tu gente debe entregar.

Ética Laboral

El Recurso Humano es la parte más importante para el éxito de cualquier organización. La ética laboral es un tema que normalmente no se aborda porque es un tema muy complejo y muchas organizaciones no se quieren meter a desarrollarlo. Sin embargo, es algo clave porque cuando tenemos una organización con una ética laboral definida, donde a la gente le queda claro qué es correcto y qué no es correcto dentro de la instalación, las organizaciones se mantienen competitivas y logran resultados más sorprendentes en menos tiempo.

Normalmente, las organizaciones y su área de Recursos Humanos ya tienen definidas cuáles son sus políticas actuales, sus procedimientos, y cosas que establezcan el orden en la organización. Sin embargo, pocas veces se tiene definida una política de ética laboral y ésta es fundamental en cualquier organización, ya que ayuda a que los colaboradores comprendan y entiendan qué es lo correcto y qué es lo incorrecto dentro de una organización.

Hay muchos corporativos, sobre todo de Estados Unidos o Europa, donde ya tienen una política de ética laboral establecida y es parte de la inducción del personal. Si hoy tú no la tienes, te recomiendo que la agregues a la inducción, porque es algo fundamental que determina el éxito o fracaso de una organización y la convivencia sana entre los compañeros de un departamento.

Algo que siempre recomendamos considerar para hacer una política de ética, es el enlistar cuáles son las faltas graves que se considerarían antiéticas o fuera de ética dentro de una organización y de ahí empezar a visualizar o bosquejar qué sería esa política de ética que tú tendrías que incluir dentro de la inducción.

En este apartado, te vamos a dar algunas ideas o detonadores que te pueden ayudar a definir un código de ética o una política de ética laboral.

Algo muy importante donde aplicar las políticas de ética es para aquellas personas que utilizan material confidencial y de propiedad intelectual; es decir, desde el inicio, la persona debe tener en claro cuál es el trato que se le da a ese material y qué pasa si incurren en faltas a esa confidencialidad o comparten información valiosa de clientes con personas externas a la empresa, cuando esto no está permitido.

Estos son puntos que por lo regular asumimos que los colaboradores saben o conocen, pero muchas veces en realidad no lo saben, por eso es importante hacer un código de ética.

Otro punto importante a tocar dentro de esta política es hablar de las leyes aplicables cuando algo está mal hecho, es decir, cuáles son las consecuencias, qué le va a pasar a ese colaborador que falte a cualquiera de los puntos que tenga tu política de ética.

Es muy sano reconocer cuál es la postura de tu organización ante la aceptación de regalos o propinas o incluso bonos que los proveedores ofrezcan para aumentar tu compra. Este es un tema muy delicado. Hemos conocido muchas organizaciones que se han ido al fracaso porque el comprador no es una persona ética.

Caso contrario, conocemos una empresa europea de transformadores que en toda la empresa tienen posters grandes colgados donde invitan a que cualquier colaborador denuncie una falta de ética. Este comunicado está muy bien estructurado porque dice que no se va a revelar quién habló y lo que busca la organización es que todos se mantengan en regla para continuar con este crecimiento conjunto.

El tema de compras siempre debe quedar muy claro en la política de ética laboral. Otro departamento que debe ser muy cuidadoso en este sentido son los vendedores, que no anden representando a otras marcas si ya están trabajando contigo. O los diseñadores, que de repente pueden estar trabajando contigo y al terminar esta colaboración, se van a otra empresa, pero siguen utilizando las herramientas o materiales que son tuyos. Por eso debe haber contratos de confidencialidad donde la gente sepa que eso está mal visto y no está permitido y que si pasa, tú vas a proceder legalmente.

Hablando del tema de los contratos de confidencialidad, a la gente le debe quedar muy claro, dentro de esta política laboral, qué pasa con las cuestiones de privacidad y cómo deben actuar ante los medios o redes sociales, porque un colaborador no puede hablar mal de la empresa en redes sociales, ya que finalmente tu organización es una marca.

Si tú delimitas qué está bien y qué está mal visto dentro de la organización, sin duda vas a poder hacer una política de ética que sea clara y que finalmente se viva en tu organización para ser mejor.

CAPÍTULO II

CONTRATACIÓN

"Reclutar es difícil. Es encontrar las agujas en el pajar. No puedes saber lo suficiente en una entrevista de una hora. Así que todo está basado en tu instinto. ¿Cómo me siento con respecto a esta persona? ¿Cómo será cuando esté presionada? Pregunto a todo el mundo esto: '¿Por qué estás aquí?' Las respuestas en sí mismas no son lo que estás buscando. Son los meta-datos"
— Steve Jobs

Reclutamiento Óptimo

El reclutamiento óptimo como proceso, cuando ya lo tenemos establecido, ayuda a eliminar muchos problemas dentro de la organización.

Consideramos que el proceso de contratación es crítico para el éxito de cualquier empresa, independientemente del país o el sector en el que se encuentren, porque finalmente estamos trabajando con personas y al ingresar un nuevo colaborador a la organización, generamos una expectativa, pero si no hacemos bien el trabajo, esa expectativa que generamos no solamente va a afectarlo a él o ella o al departamento en que lo hayamos contratado, puede afectar a muchísima gente. Por eso es sumamente importante mejorar de manera continua el proceso de contratación.

Lo primero para este proceso de mejoramiento es que estemos seguros de contar con un staff sólido. Es decir, que las personas que se encargan de este proceso de reclutamiento tengan la competencia, las herramientas y algún sistema que les ayude a agilizar el reclutamiento. Nos ha tocado ver muchas organizaciones que tienen una alta rotación de personal porque las personas encargadas de este reclutamiento tienen mucha presión por cubrir la vacante, tienen muchísimos candidatos y al final no pueden hacer bien su trabajo.

Identifica si tu staff de reclutamiento tiene alguna necesidad de capacitación que les ayude a hacer mejor su trabajo o si requieren algún software o alguna herramienta que les facilite y agilice este proceso.

Para tener éxito en proceso de contratación, es muy importante que tu organización esté en constante desarrollo, es decir, que si están creciendo, el tiempo de repuesta necesario para cubrir esas vacantes sea realmente muy corto. Pero para tener un tiempo de respuesta muy corto, tienes que estar mejorando continuamente lo que haces hoy.

Un reto que nos gusta proponer para estas áreas de reclutamiento es decirles: "Esta semana, escoge una cosa que vas a hacer mejor y más rápido". De esa manera, pones en la mente de estas personas la idea de la mejora continua y que ayuden a perfeccionar este proceso.

Otra cosa muy importante es que dentro de esta área de toda la organización, haya un ambiente de trabajo ejemplar. Es decir, que te asegures de que si el proceso de reclutamiento implica diferentes entrevistas con diferentes niveles de tu organización, te asegures de que haya colaboración y cooperación entre todos los implicados para que todos hagan un trabajo en tiempo y forma y no perjudiquen el tiempo que se espera para cubrir la vacante.

Algo que sucede cuando no hacemos bien este trabajo de contratación es que se crean muchos conflictos internos, entre áreas, todo mundo está presionando al área de reclutamiento. El punto no es nada más mandar personal a cubrir un puesto para que no te estén presionando con ello, sino atacar los problemas de raíz para que cada vez tengas un mejor proceso de contratación que dé menos problemas.

Cuando tenemos un mal proceso de reclutamiento, se aumentan los costos, de calidad, de desperdicio, la curva de aprendizaje, y todo esto impacta en las utilidades de la organización, por eso al área de reclutamiento le debe interesar hacer eficiente el proceso y ayudar a las demás áreas que se involucren en este proceso para reducir este tipo de costos.

Si tenemos un mal proceso de reclutamiento, esto termina por dañar a la organización, porque estarán entrando personas que probablemente no tengan la competencia o con una expectativa que al final no se cumple, se salen y entonces tienes que repetir otra vez este proceso de rotación de personal una y otra vez.

El proceso de contratación normalmente cuenta con pasos muy establecidos. Te los vamos a compartir para que analices el proceso que actualmente lleva a cabo tu empresa y si algo te falta, pongas acción de inmediato:

En primer lugar, necesitas establecer las vacantes, cómo es el requerimiento de vacantes, las políticas, que los que interactúan en estas áreas lo sepan, para que no estén rompiendo este proceso.

Una vez que está publicada esa vacante, se buscan los solicitantes o reclutas. Aquí viene un proceso muy interesante que es el revisar los curriculums. Más adelante vamos a analizar algunos consejos para agilizar esta parte del proceso.

Una vez que hemos escogido a las candidatos que más nos convencen, vienen las entrevistas y finalmente la contratación.

Existen hoy en el mercado sistemas que te ayudan a hacer esto de una manera muy ágil y eficiente, además de tener todo en un sólo lugar.

Reclutamiento de RRHH

En este apartado nos enfocaremos en puntos acerca de la manera en que normalmente se publican las vacantes cuando requieres personal.

Como veíamos anteriormente, la parte del reclutamiento es la entrada para cualquier colaborador nuevo a tu empresa, por eso es importante siempre mantener este proceso actualizado para mantenerte competitivo, en un ambiente que continuamente está cambiando y para un factor relevante que debes considerar es la tecnología.

Hoy en día, los solicitantes rara vez buscan información de trabajo en algún periódico, la mayoría de la gente joven que busca trabajo está muy orientada a la tecnología. Es por eso que tú debes asegurar diferentes elementos para hacer atractivo a estas personas que están buscando trabajo las ofertas o vacantes que tú tienes.

La base de este proceso es asegurarte que el sitio web de tu compañía o empresa sea muy atractivo, tanto para clientes, prospectos o para las personas que desean ingresar para colaborar contigo.

Hoy, una empresa que no tiene sitio web está en el pasado. Si todavía no tienes, te invitamos a que te pongas a trabajar porque es como un espectacular que permite a los diferentes interesados conocerte de una manera distinta.

En lo personal, cuando tenemos la oportunidad de entrevistar diferentes candidatos para alguna vacante que tenemos en la empresa, nos llama mucho la atención que cuando les preguntamos: "¿Sabes algo de nuestra compañía?", el 80 – 85% de los interesados nos dicen: "Sí, me metí al sitio web, estuve navegando, investigué esto…". Es muy importante que puedas validar este tipo de detalles porque es una manera de que puedas enamorar a estos candidatos interesados en entrar a tu compañía.

Otra buena práctica es que publiques las vacantes en diferentes medios, no nada más los tradicionales, sino que también lo hagas a través de redes sociales, como Facebook, Linkedin, Pinterest, Instagram o Twitter; es decir, utiliza todos los medios posibles para anunciar que tienes una vacante dentro de tu compañía. Estamos en una Era Digital, por lo que también Recursos Humanos tiene que evolucionar a comunicar de una manera adecuada el reclutamiento que está haciendo dentro de la compañía para que los interesados te lleguen en un flujo más continuo.

Probablemente no sepas cómo se hace para publicar vacantes en estos sitios. Ese no es un pretexto. Tienes que investigar cómo hacerlo de la mejor manera para que tú compañía permanezca actualizada.

Otra buena práctica que utilizamos para estos puestos es contratar a empresas de reclutamiento que ya tienen sus procesos establecidos y te puede ayudar a que en un tiempo más corto puedas tener al personal que requieres.

Una opción también muy importante es la información que haces pública en estas redes sociales. Es decir, no lo hagas de la misma manera que lo hace todo mundo, asegúrate que la información que le estás mostrando a es público interesado en colaborar en tu empresa le sea atractiva.

Algunos datos que no debes olvidar y que son fundamentales es siempre asegurarte de poner los datos generales de la vacante: ¿qué es el puesto?, ¿qué es lo que buscas?, ¿cuál es el horario que tendría esta persona en caso de empezar a trabajar contigo? etc. Algo que nos gusta mucho agregar a este tipo de formatos son los beneficios que tiene tu organización para los colaboradores, es decir, las prestaciones deben estar muy claros para que desde ahí tú te vuelvas atractivo para esa persona que pudiera estar interesada.

Otro punto muy importante son los beneficios del contrato. La mayoría de las personas están buscando seguridad y quieren tranquilidad, por lo que debes poner muy claro el tipo de contrato que se manejara, si es algo temporal, si es algo de tiempo indeterminado, si es medio tiempo o tiempo completo. Debes dejar muy claros los datos que le puedes proporcionar dentro de esta información para que también cuando estés ya en el siguiente proceso de revisar curriculums y luego realices las entrevistas, tengas correctamente calificadas a las personas a las que vas a entrevistar.

Algo que nunca debes olvidar mencionar es cómo pueden entrar en contacto contigo. Es decir, si va a ser por e-mail, si va a ser a través de una página web o si pueden ir directamente a tu instalación a llevar el curriculum. Esta es la parte del proceso que cierra el ciclo al momento de publicar una vacante.

Yo sé que a veces en ciertos sectores es muy complicado estar llenando todas las vacantes que pueda tener la organización. Y algo que hemos observado en muchas empresas es que generan un programa interno de vacantes, donde los mismos colaboradores pueden invitar a sus amigos o familiares (en caso de que no tengas esa política restrictiva) y ellos mismos son tus proveedores de personal.

En una ocasión, estábamos trabajando en una compañía del sector alimenticio que prefería este sistema de reclutamiento porque las medidas que utilizan de higiene y de limpieza son complicadas para mucha gente. Recursos

Humanos nos comentaba que para ellos es un ahorro de trabajo cuando les llevan a una persona recomendada porque se ahorran el explicar todo el proceso de limpieza y de cuidado de los alimentos, porque es gente que entra ya sabiendo lo que van a hacer y esto incrementa las posibilidades de que se queden en la empresa.

Si todas estas opciones no te funcionan, es muy recomendable que vayan haciendo una guía de referencia donde puedas publicar las vacantes a bolsas de trabajo que se dedican a esto, para que tengas opciones.

Lo más importante de Recursos Humanos es que tenga muchas maneras de publicar que su empresa tiene una vacante.

Revisión de Curriculum para Contratación

En esta parte nos gustaría compartirte algunos consejos acerca de cómo revisar un curriculum para hacer una contratación efectiva.

Esto es muy importante porque si no tomamos con calma este paso, todo lo que sigue en adelante irá mal dentro de la organización. Hay una frase de Edward Deming que dice: "Cuida las entradas". Y el proceso antes de la contratación es súper importante porque estás cuidando la entrada a esos colaboradores. Si haces bien estos filtros, es muy probable que cuando llegues al proceso de la entrevista y luego la contratación formal dentro de la empresa, te ahorre mucho tiempo que generalmente no se toma en cuenta.

Debemos ser lentos para contratar y rápidos para despedir. Ésta es una política personal que tenemos dentro de nuestra empresa y nos gusta mucho porque si eres lento en seleccionar a la persona que va a ocupar la vacante estamos tomando en cuenta diferentes factores que incrementan tus posibilidades de éxito. Y por otro lado, si alguien no está funcionando, lo mejor es darle rápida salida porque a veces hay algunos factores que te limitan a no tomar la decisión y esto muchas veces es más costoso.

Retomando el punto de cómo agilizar el proceso de la revisión de curriculums es importante que antes de que vayas a empezar a revisar todos los curriculums que te llegan, deben tener absolutamente claro cuáles son las necesidades de la organización en relación a esa vacante. Es decir, que no se queden sólo con información muy general o ambigua, porque si no, tu mente no va a estar entrenada para buscar lo que la organización requiere en ese momento.

Debes tener claridad en cuáles son los elementos críticos que se buscan del desempeño de ese nuevo miembro. Es decir, dentro de sus competencias, habilidades y conocimientos, tú puedas identificar esos elementos críticos para que vayas filtrando todos los curriculums que te llegaron y te enfoques solamente a aquellos que cumplen con estas áreas de desempeño.

Otro punto muy importante es el poder platicar con las personas que tienen el requerimiento de la vacante para que de boca de ellos escuches cuáles son las pericias o habilidades especificas o técnicas que requiere esa vacante para que sepas qué buscar en los curriculums. Asegurar esto va a agilizar muchísimo el proceso de filtrado de los curriculums.

Necesitas considerar también algunos puntos para tener cuidado al momento de estar revisando los curriculums. Por ejemplo, la fecha de trabajos anteriores, porque eso te permitirá sacar la conclusión de las brechas que ha tenido entre un trabajo y otro, lo que te permitirá saber si es una persona estable o que continuamente está buscando diferentes empleadores.

Hoy en día hay muchas maneras diferentes de presentar un curriculum y en ocasiones el candidato anota todos los logros que hizo dentro de la empresa, pero estos no están ligados a la posición que te están mostrando en el curriculum. Es importante que puedas validar estos puntos ambiguos en caso de que decidas darle la oportunidad de tener una entrevista presencial a la persona.

Debes validar si todos los curriculums traen referencias. Hoy en día, gente muy joven suele ya no anotar esta parte de la referencias. Te compartimos un secreto que te va a ayudar mucho a agilizar este proceso de reclutamiento: antes incluso de citar a las personas que te enviaron el curriculum puedes hacer una llamada a las referencias o a los empleadores anteriores para que tengas información importante y luego no estés sesgado cuando ya ves al posible candidato. Esto siempre lo hacemos previo a ver al candidato, para desde ahí seguir filtrando y ya nada más sentarnos con las personas que realmente nos interesan y que tenemos un alto porcentaje de probabilidad de que puedan cubrir la vacante.

Otra buena práctica es que, una vez que revisaste el curriculum, ya que hablaste con los empleadores anteriores o que ya hablaste con alguna de las referencias que te está poniendo esta persona, puedes hacer una llamada con este candidato, todavía no un cita a entrevista, sino que le llamas y tienes una entrevista telefónica previa donde puedas validar las ambigüedades o lo que encontraste con él o con ella, y ahí decidir si va a haber la posibilidad de continuar con el proceso. Esto te va a ahorra muchísimo tiempo.

Entrevistas de Trabajo

El proceso de la entrevista presencial son mejores si las realizas de una manera muy amena. No como la típica entrevista acartonada donde sólo estás haciendo un interrogatorio, sino más bien como una charla para que se pueda manifestar la verdadera personalidad de los candidatos.

Es importante que puedas arreglar o identificar algún espacio agradable para hacer estas entrevistas, donde no los vayan a interrumpir. Desde aquí debes dar mucha formalidad a este proceso de reclutamiento.

Una vez que tienes el espacio adecuado para esta actividad, es muy importante siempre tratar a los candidatos amablemente: ofrecerles un vaso de agua o incluso café, para que esto también rompa un poco la ansiedad que ellos traen por naturaleza de que están en una entrevista y se sienten observados, ayuda mucho ofrecerles alguna bebida. Una buena práctica que nosotros tenemos en la sala donde hacemos las entrevistas es por ejemplo colocar una charolita con dulces o con chocolates para que el candidato se anime a tomar algo y esto también vaya disminuyendo su ansiedad. Estos dos elementos, sumados a tu actitud, son muy importantes.

Tu actitud debe ser cálida, cordial, positiva, con entusiasmo. Estamos trabajando con personas y todo esto se percibe. Implementa la política de que cada vez que vas a entrevistar a un nuevo candidato, lo hagas como si fuera el primero del día, o que es la primera vez que vas a hacer una entrevista, para que ese entusiasmo te quite toda la monotonía que normalmente tiene este proceso.

Una vez que ya te aseguraste de estos primeros puntos, es muy importante crear empatía con los candidatos. Si los haces sentir cómodos, entonces fluirá el diálogo como una plática normal entre este recluta y tú como entrevistador.

Es muy importante hacer una entrevista presencial. Los mayores errores que se tienen en piso, en la oficina o en la planta, es que se saltaron este paso. Porque en la entrevista personal es donde salen los verdaderos problemas o situaciones que se manifestarán en el día a día, lo que le da un costo muy alto a tu organización. Hacer una entrevista personal reduce el riesgo de contratar a alguien sin las competencias que necesitas. Todo en papel se ve muy bonito, pero ya cuando tienes presente a la persona puedes empezar a validar con ciertas preguntas si realmente tiene esas competencias.

Asegúrate de contratar a alguien que encaje con la cultura de la organización. Por ejemplo, en City Bank, la persona encargada del proceso de reclutamiento es experta en contratar el personal que cumplía con un perfil muy bien delineado de cómo tenía que ser el personal que iba a estar en sucursales. Pocas empresas lo tienen así de definido, así que si hoy no conoces cuál es la cultura de la organización, o qué es lo que estás buscando en cuanto a características de valores o de personalidad, te invitamos a que te des a la tarea de definirlo, para que tengas muchísima claridad.

Una parte muy importante en las entrevistas de trabajo es que toques algunos puntos a través de preguntas abiertas para que el candidato te dé información. Un tópico muy importante es entender qué hay en su mente en relación a trabajar con personas difíciles. Le puedes decir de manera muy natural: "Cuéntame, alguna vez que te hayas topado con una persona difícil, ¿cómo lo manejaste?". Y te quedas callado, para que ellos empiecen a hablar.

Otra pregunta importante es en cuanto al tema de toma de decisiones. Le puedes decir: "Oye, dame un ejemplo de alguna vez que tuviste que tomar una decisión rápidamente, ¿cómo te sentiste?".

También debes considerar el tema de la delegación. Necesitas contratar personal que tenga futuro dentro de la organización y que pueda desenvolverse bien con el trabajo en equipo. Algo que le puedes decir es: "Platícame, ¿cómo es tu manera típica de delegar cuando tienes que hacer un trabajo en equipo? Dame un ejemplo".

Otro punto a explorar es la iniciativa. Es muy importante y de lo que más debes valorar en una entrevista de primera vez para un recluta. Puedes preguntarle: "Oye, cuéntame de alguna vez que hayas realizado tareas fuera de tu descripción de puestos, ¿cómo fue tu iniciativa?, ¿por qué decidiste tomar ese decisión de ayudar a otros?". Esto es súper importante porque te ayudará a obtener información muy valiosa que no viene en el curriculum y que al estar en un diálogo ameno y empático te va a permitir llegar a esa información.

Te recomendamos utilizar este tipo de frases para que se dé una charla amena y no se vea nada más como un interrogatorio donde quieres obtener información. Siempre comienza las preguntas con frases como: "Cuéntame…" o "Platícame…" o "¿Por qué no me das un ejemplo…" o "¿Por qué no me describes qué es lo que te interesa de …"; Son algunas frases introductorias para que lances la pregunta y la persona pueda fluir en ese diálogo.

Algo muy importante para que esto funcione, es que siempre hagas preguntas abiertas, para que el candidato pueda hablar y evita las preguntas cerradas donde nada más te respondan "Sí" y "No".

Algo que tienes que hacer al final de la entrevista es ubicar al candidato en escenarios ideales, por ejemplo: "Imagínate que ya estás contratado dentro de la compañía,

¿cómo vas a reaccionar?" o "Si tuvieras un problema de este tipo, ¿qué es lo que harías?". Para que los ubiques en una realidad futura y sepas cómo pudieran reaccionar.

Preguntas de Entrevista de Trabajo

Este proceso es fundamental porque es la entrada de nuevos colaboradores a tu compañía. Entre más herramientas tengas y más actualizado estés en este tema, seguramente tendrás más colaboradores que tengan una larga permanencia dentro de la organización y que cumplan perfectamente bien lo que la vacante está requiriendo.

Nosotros sugerimos hacer las entrevistas con preguntas, no nada más basados en el curriculum, sino con preguntas diferentes para que el candidato se relaje y entonces salga la verdadera información que está en su mente.

7 de cada 10 entrevistadores siempre hacen las mismas preguntas. Es decir, no tiene opciones. Te sugerimos ponerte en contacto con nosotros, para poder compartirte una guía con muchas preguntas más y que

incluso para ti mismo sea más estimulante el realizar entrevistas de trabajo.

Por otro lado, 9 de cada 10 entrevistadores llegan de una manera monótona a este proceso. Eso es pésimo, porque es la entrada de estos colaboradores a la organización. Todo proceso que hagas, aunque lo hagas cientos de veces, siempre lo debes ver como si fuera tu primera vez, para que esto te permita fluir y actuar con comodidad.

Hay sectores donde hay mucho estrés y mucha rotación de personal, por lo que la necesidad de cubrir las vacantes es constante. Inclusive en esos momentos es fundamental que tú tomes como algo divertido el proceso de entrevistar candidatos, independientemente de que tengas, 20, 40 o más vacantes que cubrir.

Cuando estés con el entrevistado, piensa que no tienes otros problemas, que no tienes estrés por asuntos pendientes y enfócate a estar presente con esa persona. Si lo haces de esta manera, vas a disfrutar muchísimo ese proceso de la entrevista sin estrés y sin ansiedad. Además de que también es por respeto a esas personas que tienen interés en colaborar dentro de tu compañía.

En este apartado te vamos a compartir una serie de puntos con preguntas orientativas que te va a permitir explorar diferentes tópicos o esferas de la persona que tienes sentado frente a ti y esto te va a dar muchísimos elementos más para perfilar muy bien al final de la entrevista si realmente es un buen candidato o es un mal candidato.

El punto del liderazgo nos parece relevante de ser explorado porque las empresas necesitan líderes y no nada más los gerentes, sino que requieren liderazgo entre los mismos compañeros de trabajo. Para explorar este punto dentro de la entrevista, puedes emplear lo siguiente: *"Cuéntame un caso donde demostraste tú tener un buen liderazgo, ya sea de tu trabajo anterior o alguna vez que dijiste: 'Ejercí mi liderazgo'. Platícame"*. Después de esto, dejas que el candidato hable y se explaye. Mientras, tú sigues valorando diferentes cosas del curriculum.

Otro punto que es importante valorar es la persuasión. Aquí le puedes decir al candidato: *"Descríbeme una vez donde usaste hechos para persuadir a alguien. ¿Cómo lo hiciste? ¿Cómo lograste que hicieran lo que tú querías?"*.

Si en algún momento el candidato te dice que no entiende las preguntas, debes conservar una actitud cordial para invitarlo a que te dé la información necesaria. Debes mantener un estilo fresco, para que las personas se sientan en confianza y no se sientan evaluados.

También es importante que valores la motivación del candidato. Para esto, puedes preguntar: *"¿Qué fue la cosa más importante que te motivaba en tu trabajo anterior?"*.

Mientras el candidato está hablando, puedes tomar algunas notas, para tener los datos de precisos de todos los candidatos que vas a estar evaluando para tomar la mejor decisión.

Debes valorar también el tema de la solución de problemas. Después de todo, como compañía debe interesarte ingresar a personas que tengan la facilidad o que no se les atore el trabajo ante un problema. Puedes validarlo pidiéndole al candidato que te describa alguna vez donde ha usado su lógica y su sentido común para resolver algún problema. Puedes decir: *"Platícame: ¿cuál fue el problema?, ¿cómo le hiciste?, ¿cómo lo solucionaste?"*.

En este tipo de preguntas puedes mezclar la parte personal o familiar, no sólo lo laboral. Eso también ayuda mucho a que los candidatos bajen su nivel de ansiedad.

Otro punto importante son las habilidades de comunicación. Le puedes decir: *"Cuéntame de las veces que has tenido que comunicarte con otras personas, ¿cómo te ha ido?, ¿cómo eres en ese proceso de comunicar?"*.

Algo más que debes valorar es el manejo de conflictos. Aquí lo que puedes utilizar como pregunta detonadora es: *"¿Cómo es tu manera típica de reaccionar ante momentos de presión?"* o *"¿Cuál es tu manera típica en la que reaccionas ante conflictos con tus compañeros o en tu familia, con tu pareja?"*.

Debes indagar en la creatividad de la persona, por lo que puedes decirle: *"Platícame, ¿cuál es el proyecto más creativo que has generado en tu historia laboral?"*. Si en curriculum te puso ciertos logros o ciertas habilidades, en este punto vas a poder ir valorando que lo que esté en papel más lo que te dice, es verdad.

Finalmente, necesitas valorar su capacidad de servicio al cliente. Para eso, puedes comentar: *"Ya estás por finalizar la entrevistas, relájate. Compárteme un ejemplo de tu filosofía personal en cuanto al tema de servicio al cliente, ¿qué piensas de esto?"*.

Así de sencillo, con estas preguntas que vas a incluir a lo largo de la entrevista, te aseguro que vas a obtener información muy valiosa, además del curriculum, para elegir a tu mejor candidato.

Proceso de la Entrevista de Trabajo

En este apartado te vamos a compartir 8 sugerencias claves para que este proceso sea mejor, sea más ameno y logres realmente interesar a ese posible candidato a la vacante de que se enamore de lo que tienes para ellos.

Siempre debes tener cuidado en todos los detalles, ya que "todo habla" y para esto es muy importante que escojas un lugar donde no vaya a haber interrupciones, que se vea bonito y la persona se sienta cómoda.

Nos ha tocado ver procesos de entrevista que se llevan a cabo en una sala con 3 personas, se oye todo el ajetreo de las instalaciones, y esto vende una imagen muy negativa de tu empresa.

Tenemos que seleccionar el lugar adecuado.

Dentro de este proceso, tú te tienes que preparar previo a las entrevistas. Sabemos que ya sabes lo que se requiere en la vacante, tienes claro conocimiento a lo que se necesita en cuanto a competencias, conocimiento y habilidades; sin embargo, ayuda mucho (y te lo recomendamos) que te acerques con el departamento interesado y que tomes la iniciativa de platicar con ellos para conocer qué va a hacer la persona, qué esperan de ellos, es decir, que les hagas diferentes preguntas que te den a ti información muy fresca y clara para que de esa manera la puedas compartir al posible candidato.

A continuación, te vamos a compartir algunas sugerencias para analizar la entrevista de trabajo de manera excelente:

Lo primero es que te asegures de establecer el **tono**. Es decir, asegúrate de que tú tengas un tono cálido, que haga que la persona se sienta a gusto, que baje la ansiedad, y que establezcas diferentes opciones de entrada para ganarte la confianza de esa persona que hoy es desconocida para ti y que te aseguren hacer un rapport agradable. El término rapport viene de la psicología y es, en términos simples, "romper el hielo", es decir, ganarte la confianza de esas personas. Eso es algo que tienes que hacer desde el inicio de la entrevista.

Otro punto muy importante es decirle al candidato desde el inicio que a ti te interesa mucho resolver sus dudas. Invítalo a que si a lo largo del proceso le surge alguna duda, se sienta en la confianza de preguntar. Esto al inicio de la entrevista es como magia, porque va a hacer que la resistencia o la ansiedad que pueda tener la persona baje y entonces empiece a haber un dialogo más positivo.

Dentro de la entrevista te debe asegurar de hacer preguntas, pero no como un interrogatorio, sino preguntas amenas, a manera de plática, abiertas, para que sea un diálogo entre el candidato y tú.

Es importante que tú estés informado. Es decir, que de manera general, tú puedas decirle a la persona de qué trata el puesto y cuáles son algunas de las funciones principales. Por eso es importante que te mantengas en contacto con el área que está solicitando la vacante.

Debes estar en un postura de resolver las inquietudes que tenga el candidato. Porque si todo el tiempo estás hablando tú, no le vas a dar oportunidad de explorar qué inquietudes puede tener.

Otro punto muy importante es encaminar la entrevista y decirle al candidato cuáles serán los siguientes pasos. Esto te ayudará a verte profesional. Hay una buena práctica que realizan muchas organizaciones y es que cuando entrevistas a alguien, ellos te están dando su tiempo, lo que tienes que hacer en retribución es decirles qué pasará después. En lo personal, siempre les aclaramos que vamos a ver más candidatos, que el proceso que seguiría es evaluar todo lo que vimos en cada uno de los candidatos, tener una entrevista con el jefe inmediato y que posteriormente, si es favorable su perfil, nos estaremos comunicando con él.

También te recomendamos que le digas que si no es el candidato elegido, también le vas a llamar para agradecerle su tiempo. Esto es muy importante hacerlo porque a final de cuentas estas trabajando con personas, y las personas se tienen que sentir seguras de que tú tuviste una buena atención con ellos. Si tú tienes está atención de decirles que no fueron las personas elegidas, ellos ya no estarán esperanzados a que los vas a contratar.

Cierra con una pregunta tus entrevistas, para asegurarte de que hayas cubierto todos los puntos. Una pregunta que nos gusta hacer a nosotros es: *"¿Existe algo más que creas importante decirme antes de terminar?"*. Si te dice que sí, escúchalo y resuelve esas inquietudes.

Una vez que ya viste que no tienes dudas o que en caso de tenerlas ya se las resolviste, agradece el tiempo de las personas porque esto es muy valioso y tú también quieres quedar con una imagen muy profesional con esas personas. Recuerda que cuando estás con un candidato, tú no tienes que sentirte estresado, sino que tienes que estar disfrutando el momento. Y al final tienes que agradecer, porque tanto tú como él dedicaron tiempo a esa entrevista.

CAPÍTULO III

CAPACITACIÓN

"No hay una fórmula mágica para el éxito. Pero sí hay un sólo camino que te llevará a él: 'La capacitación y la acción consistente'".
—Luis Fallas.

Inducción Laboral

El entrenamiento siempre ayuda a que una organización tenga personal grande, es decir, personal enamorado, preparado a lo que tiene que desempeñar en su puesto.

Durante muchos años, hemos compartido la filosofía de Toyota y algo que nos tiene enamorados de esta compañía es que ellos siempre dicen que sus competidores utilizan personas brillantes administrando procesos mediocres o deficientes, y ellos trabajan con personas comunes administrando procesos brillantes. Esto solamente lo logran a través de dedicar tiempo al entrenamiento y a la certificación de su personal.

Nosotros creemos mucho en que las personas podemos aprender nuevas habilidades, podemos hacer un trabajo con calidad y con excelencia, independientemente de la formación académica. El punto es que la inducción a tu empresa es muy importante porque es la base de que la persona entienda a la organización, comprenda la información más importante y más si es personal que va a estar con clientes o en continua interacción con prospectos es muy importante que esta información esté clara desde el principio.

Algo que hemos visto en nuestra experiencia particular cuando hacemos reingenierías es que los mayores problemas que surgen en los procesos en los diferentes departamentos de una organización vienen también cuando no se dio una inducción adecuada al puesto. Es decir, por la misma urgencia, integran de inmediato al colaborador a trabajar y el jefe inmediato no dedica un tiempo para hacer inducción al puesto. Esto a futuro genera muchísimos problemas que luego se vuelven costumbre. Comparte esto también con los gerentes y jefes de área de tu organización, para que te ayuden a que el buen trabajo que hace Recursos Humanos se complemente con el buen trabajo que ellos pueden hacer para ayudar a un colaborador de nuevo ingreso a que tenga éxito en tu organización.

El primer paso para el éxito de una persona contratada es darle la información correcta. Y esto se logra gracias a una correcta inducción. Los objetivos de hacer una inducción laboral al inicio es que el colaborador o el empleado comprenda de una manera clara y precisa a la organización en un sentido amplio. Es decir, la historia, cuál es el presente que tienen la compañía, cuáles son los retos del futuro, qué valores vive esa compañía. Para esto, normalmente algunas empresas hacen algún video donde el presidente o el directivo de la empresa comparte un poquito de esta historia y luego con otros elementos de video, le van mostrando a la persona la información de la organización.

Una vez que esto termina, el siguiente objetivo debe ser que el empleado comprenda a la organización, es decir, en un sentido específico si hay ciertas políticas, ciertos reglamentos, procedimientos u otros aspectos clave que sean relevantes para tu organización, debes comentarlos dentro de la inducción laboral.

Algo que ayuda mucho para que esta inducción siempre salga de la mejor manera es que puedas utilizar alguna plataforma para hacer este curso en línea y que cuando tienes nuevos colaboradores, los sientes frente a la computadora, para que sigan los recursos de aprendizaje que puede traer la plataforma en cuanto a una inducción laboral a tu empresa. Ésta es una herramienta que te recomendamos mucho, porque al final tú puedes tener una valoración para saber el grado de comprensión que tuvo el colaborador nuevo en relación a la información que le compartiste, porque normalmente lo que pasa es que se hace una inducción, se satura de información al colaborador nuevo y nunca puedes cerrar el ciclo de qué tanta de esa información fue significativa o trascendente para ese nuevo colaborador.

Una vez que se da esta inducción general a la cultura organizacional, debe haber forzosamente una inducción al puesto. Ésta es una actividad del supervisor o del jefe inmediato. Algo que tú te debes de asegurar como Recursos Humanos, es ayudarles a este jefe o este supervisor que tengan los elementos claves para hacerlo de una manera efectiva. Normalmente la gente de Recursos Humanos tenemos la habilidad para capacitar, para transmitir información o comunicarnos de una manera adecuada, pero un supervisor o un jefe, aunque sean expertos y tengan mucha pericia en las cosas técnicas, no saben compartir la información de una manera eficiente. Te recomendamos que les ayudes a elaborar alguna presentación, algún checklist, que les des a ellos algunas herramientas para que esta actividad sea de una manera más eficiente y más correcta.

El trabajo de Recursos Humanos no termina cuando mandan al colaborador hacia su área y "pasarle la pelota" al jefe o supervisor. Tú también tienes que estar dándole seguimiento a este proceso de nuevo ingreso por ejemplo, puede que a los 15 días hagas alguna prueba de valoración del personal por parte del jefe para saber qué tanto comprendió el colaborador de lo que se le hizo saber. Si ves que hay ambigüedad, que no entendió bien, porque ésta debe ser una evaluación objetiva, vas a tener elementos para hablar con el jefe o supervisor y poderle recomendar qué debe hacer para que el colaborador obtenga una calificación mayor. Esto es sumamente importante y es un trabajo que tienen que hacer como aliados.

Algunas ideas claves dentro de este proceso de un colaborador de nuevo inicio que no debes permitirte hacerte de la vista gorda son:

1. *Siempre asegúrate de dar una buena impresión.* Desde el inicio, por ejemplo, si citas al colaborador a cierta hora, que la persona que le va a dar la bienvenida esté lista desde es momento, o que todo esté preparado si se va a llevar a cabo un bienvenida o una inducción y que todo se vea muy profesional.

2. *Ten un programa de inducción laboral.* Es muy importante que tú tengas como Recursos Humanos un protocolo de inicio del nuevo colaborador, donde venga todo el programa que en ese día va a tener la persona, para que también él desde el inicio tenga clara la expectativa de todo lo que va a suceder en su primer día de trabajo.

3. *Indica las métricas o indicadores que deberán ser cumplidos y los tips importantes.* Es importante que le puedas recordar a este colaborador qué es lo que se espera en cuanto a desempeño, de una manera muy amigable y muy clara, para que cuando ya vaya a la inducción con su supervisor o su jefe inmediato, él también traiga algo de información y con la que le van a dar en el área se

vaya complementando y se encamine a ser un colaborador productivo.

4. *__Certifica que el colaborador haya comprendido toda la información.__* Una vez que ya entró el colaborador, ya se dio la inducción a la empresa, ya se dio la inducción al puesto, al mes tú puedas hacer una valoración de cómo se comporta el colaborador. Una buena práctica que hemos observado y te recomendamos es que después del mes, a los tres meses vuelvas a tener un visita rápida con el colaborador y en su área de trabajo y valides con tres preguntas claves cómo se ha sentido, qué siente que le falta y alguna otra pregunta que tú puedas incluir. Esto es súper importante porque es hacer un encaminamiento adecuado del nuevo colaborador para que tenga una larga vida dentro tu organización.

Capacitación y Desarrollo Laboral

Tú como Recursos Humanos puedes hacer una muy buena labor en el proceso de reclutamiento, de selección, de contratación del personal, pero si a lo largo del tiempo no se invierte en capacitación para desarrollar las habilidades profesionales y personales de tus colaboradores, tu empresa se va a quedar pequeña, sólo va a estar entregando el día a día, la operación, y tus colaboradores no tendrán un contexto diferente que les ayude a mejorar lo que hoy hacen.

Nosotros creemos en la capacitación y que todas las personas día a día tenemos que aprender nuevas cosas. Este tema es muy importante cuando desarrollamos programas de capacitación interna o externa o de desarrollo laboral, porque muchas veces no hay este conocimiento y se desarrollan los cursos o los entrenamientos de una manera muy metódica, muy plana, muy aburrida, muy teórica y esto hace que no sean efectivos o que no sean significativos para tu personal.

Lo primero que queremos compartir aquí es el cómo aprenden los adultos. Cada ser humano tiene sus características, su experiencia previa, su contexto en el que se ha desenvuelto, su formación académica y esto nos lleva a la conclusión lógica de que todos necesitamos aprender de manera diferente. Los adultos en especial necesitan saber que lo que están aprendiendo está ligado a su trabajo, es decir, tienen una realidad con lo que él está viviendo. Porque muchas veces se desarrollo información o programas de entrenamiento que nada tienen que ver con el interés o con el trabajo que está desarrollando el colaborador en ese momento y que eso impide que este aprendizaje logre trascender en estos colaboradores.

Basado en esto, debes asegurarte de que tus entrenamientos respondan a ejemplos reales, es decir, que pongas situaciones muy similares a las que se viven en tu empresa, para que las personas asimilen mejor el conocimiento. Cuando utilizamos este tipo de elementos, es claro que el adulto se va a resistir menos al conocimiento teórico. Hemos visto inducciones de nuevo ingreso donde están leyendo manuales, viendo flujos o quieren que comprendan todas las políticas de un jalón y la verdad es que esto es una gradiente excesiva que al final satura a cualquier persona.

Tenemos que ser muy cuidadosos en la información que vamos integrando en nuestras capacitaciones porque lo que queremos es que sea efectiva, no queremos tener capacitaciones que nada más saturen con información y que a la vuelta de las semanas o de los meses, es información se tiró a la basura.

En este momento, por toda la tecnología, por todo lo estimulados que estamos hay algo muy importante que se tiene que agregar a todos los entrenamientos. Se debe tener un entrenamiento activo, donde involucres al colaborador. Si tienes entrenamientos en salas, donde nada más el facilitador es el que habla y no les pones actividades reales o momentos donde ellos pasen al frente y apliquen lo que han estado aprendiendo, tus entrenamientos se pueden tornar muy aburridos y no van a trascender con las personas.

Galileo Galilei dijo que la persona no aprende aquello que no ayuda a construir. Bajo este supuesto, te invitamos a que todas tus capacitaciones y entrenamientos tengan bloques de construcción, donde el mismo participante o colaborador pueda aplicar los conocimientos o las herramientas que tiene tu curso, para que ahí mismo el facilitador o el instructor pueda validar si realmente se comprendió a un buen nivel toda la información que se le proporcionó.

Debes considerar también las diferentes maneras de aprender. Hay personas que aprenden, por ejemplo, de una manera muy visual, por lo que necesitan diagramas y dibujos, para retener más información. Hay personas que prefieren más bien analizar, pensar detenidamente y necesitan ver casos o una realidad diferente a la que el expositor le está mostrando, por lo que necesitan más herramientas para analizar y conectar la información que tú compartiste. Hay quienes prefieren trabajar sin interrupciones o distracciones, mientras que hay otros que lo pueden hacer sin problema. Todo esto lo debemos considerar a la hora de desarrollar programas de aprendizaje o cursos. Es decir, hay que poner diferentes estímulos para todo este tipo de factores que a las personas nos gustan, para que no nada más se muy visual o muy auditivo o nada más muy kinestésico. Asegúrate de incluir todas estas inteligencias múltiples que hoy en día se conocen, para que tus cursos sean muy atractivos a todas las personas.

Algo muy importante es que a todos nos gusta resolver cosas y nos gusta utilizar la lógica, asegúrate de poner diferentes ejercicios, no siempre los mismos para que la persona pueda de alguna manera utilizar esa lógica y tú puedas validar que están comprendiendo lo que aprendieron.

Debes dedicarle un tiempo determinado al desarrollo de los contenidos de una organización y que también investigues acerca de cómo es la mejor manera pedagógica de hacerlos para que tengas éxito. Es tiempo que efectivamente vas a invertir, pero si lo hacemos de una mejor manera, con mejores herramientas, sin duda vas a tener más éxito.

Evaluaciones

Continuando con el tema de capacitación, en este apartado trataremos el tema de la evaluación del conocimiento. Toda capacitación, ya sea con un instructor externo o con un facilitador dentro de tu organización, tiene que tener una evaluación, porque sin ésta no sabrás medir el impacto que tuvo en tus colaboradores.

Es muy importante que el colaborador se sienta parte de esta capacitación y que pueda darte una retroalimentación constructiva en relación al curso o al entrenamiento que haya recibido. Esto debes hacerlo en cuatro niveles de evaluación: hay evaluaciones donde valoramos las reacciones que tuvo la persona o el grupo ante el tema del curso que les dimos; también se debe evaluar el nivel de aprendizaje que tuvo la persona; la transferencia de conocimientos que hubo; y, finalmente, el resultado posterior, después de haber pasado un tiempo que se llevó a cabo la capacitación. A continuación vamos a explicar cada uno de estos puntos para darte una idea de cómo hacer una valoración o una evaluación efectiva al término de una capacitación y que esto te asegure que lo que hoy estás haciendo lo complementes o empieces a evaluar las capacitaciones o cursos al concluirlos, si no lo habías estado haciendo.

La retroalimentación "es el desayuno de los campeones". Si queremos fortalecer el área de la capacitación, tenemos que estar abiertos a este tipo de evaluación por parte de los colaboradores.

El primer punto que debe contener toda evaluación de una capacitación son las reacciones. Debes asegurarte de medir cómo el participante reaccionó a si le gustó el curso. Si el material que se le brindó fue relevante para su trabajo y si el entrenador sabía de lo que estaba hablando. Lo puedes hacer con una escala, con sí o no. Generalmente, para que sea objetivo, te recomendamos usar una escala numérica, para que al final puedas tener una estadística, pero estas son las 3 preguntas claves para evaluar la reacción.

Otro punto que también debe contener la evaluación es la parte del aprendizaje. Te debes asegurar de medir el avance que el estudiante ha tenido en sus habilidades, conocimientos y actitudes. Puedes preguntar cosas como: ¿qué conocimiento reforzaste o adquiriste con este curso?; ¿Cómo piensas que esta información que se te brindó te beneficiará en tu día a día? Y ¿Cómo puede beneficiar esto a tus compañeros de trabajo?. Estas preguntas te sugerimos que sean abiertas para que el colaborador se sienta explayado y te pueda decir lo que está en el tope de su mente en relación a las preguntas que le estás haciendo.

Debes evaluar también la transferencia, donde debes medir el conocimiento en la vida real del colaborador. Aquí te sugerimos una sola pregunta: "Muéstrame cómo lo que aprendiste en este curso lo has implementado en tu trabajo". Esta parte de la evaluación no se hace al término de la capacitación, sino semanas posteriores para realmente para tener datos tangibles y valorar si la capacitación que le diste en el curso o programa tuvo una trascendencia y fue significativo para las personas que lo tomaron. Probablemente estarás pensando: "Es que eso es trabajo extra". No necesariamente debes hacerlo en persona y realizar las entrevistas, hay sistemas y herramientas que de manera automatizada te pueden ayudar para que esto suceda de manera programada y a ti simplemente te llegue la retroalimentación.

Otro punto importante al momento de evaluar un curso son los resultados. Esto también es posterior a la capacitación. Te debes asegurar de medir los resultados obtenidos en la implementación del conocimiento y habilidades. Debes preguntarle al colaborador: "¿Qué resultados has obtenido con el nuevo conocimiento?". Es decir, ya pasaron semanas o paso un mes y ahora, de manera honesta, pídele al colaborador que te diga de lo que tomó en el pasado, ¿cómo se vio plasmado en sus resultados de este presente?. Otra pregunta importante en este aspecto es: "¿Cómo ha impactado a tus indicadores críticos de éxito?".

El mayor problema de la crítica que se le hace muchas veces a Recursos Humanos es que capacita mucho y que luego sus cursos no sirven. Para que no te digan eso, asegúrate de tener esos datos, esta estadística. Por un lado, vas a poder mejorar si no están teniendo el impacto que esperabas. Pero si están teniendo el impacto y están siendo positivos para los colaboradores, te va a permitir tener información valiosa para aumentar tu presupuesto, para comprobar con datos tangibles cuál es el impacto de tu trabajo.

Esta parte de la capacitación es fundamental para el crecimiento de cualquier organización. Si tú te aseguras de hacer este proceso de evaluación en los dos periodos que te comentamos, sin duda podrás mejorar muchísimo las capacitaciones futuras.

CAPÍTULO IV

OPERACIÓN

"Una máquina puede hacer el trabajo de 50 hombres corrientes. Pero no existe ninguna máquina que pueda hacer el trabajo de un hombre extraordinario".
—Elbert Hubbard.

Ligando RRHH a la Organización

Algo que hemos observado cuando estamos trabajando en las organizaciones es que en ocasiones se asocia a Recursos Humanos como los que hacen la nómina, los que imparten las capacitaciones, "los que festejan los cumpleaños", pero no se le da la importancia que tiene el área. Esto lo consideramos como una crítica negativa que las diferentes áreas le hacen a Recursos Humanos. La realidad es que el área de RRHH hace muchísimas más cosas de lo que normalmente los demás colaboradores asocian.

Tú debes cambiar esto, porque para tus compañeros es un paradigma y por ello no te ven como un integrante de su equipo, sino como alguien ajeno. Si aplicas los tips que en este apartado te vamos a dar, te podemos asegurar que las asperezas que pueda haber entre las diferentes áreas y Recursos Humanos se pueden mejorar muchísimo.

Como Recursos Humanos debes comprender perfectamente a la organización. Cuando trabajamos en alguna reingeniería con las diferentes áreas de una organización, normalmente vemos que Recursos Humanos no tiene mucha información de lo que sucede en la organización, muchas veces por falta de tiempo y exceso de responsabilidades. En este apartado te vamos a sugerir que en tu staff de trabajo al menos una vez al año hagan este ejercicio para que se involucren más con las otras áreas, diferente a lo que vienen haciendo en el día a día.

Lo primero es que se interesen por entender cómo la organización obtiene ganancias o pérdidas, en todos los departamentos o procesos de la empresa. Es decir, que realicen una observación, hagan una entrevista a la gente y vayan formando esta información clara en su mente.

Otro punto importante también es entender cómo están funcionando los procesos de operación de la empresa. Esto es clave para que cuando venga algún proceso de reclutamiento puedas explicarle a ese recluta o candidato todo lo que se espera de él de una manera muy precisa. No tienes que ser experto en operar los procesos, pero sí tienes que conocer en gran medida cómo funcionan los procesos de la organización para que sepas cómo ayudarlos con planes de capacitación, con incentivos o con diferentes cosas que se te van a ocurrir seguramente si tienes esta información.

Debes interesarte en saber el comportamiento histórico del departamento de Recursos Humanos. Independientemente del tiempo que lleves en el área, seas nuevo o lleves muchos años, es muy importante que esto lo hagas una vez al año para que te dé nueva información y nuevas ideas que te hagan sentir nuevos retos que tendrás que ejecutar para que tu departamento dé mejores resultados. En este sentido, algunas de las preguntas que pueden hacer tú y staff cuando estén con los diferentes departamentos de la empresa son: "¿Cuál es la historia que tienes en la compañía?", "¿Cómo entraste aquí?", "¿Qué fue lo que te atrajo?", "¿Qué fue lo que más te gustó de nuestra cultura organizacional?". El hacer estas preguntas es incentivar un diálogo que si estás atento y despierto puedes obtener mucha información que te ayude a mejorar esa área y la tuya, porque al final todos son la empresa.

Otro punto importante es interesarte por lo que está sucediendo en ese departamento. Una pregunta que te recomendamos porque te va a dar mucha información es: "¿Cuál ha sido el reto más grande que has tenido en este año?". Para que entiendas si tú les puedes ayudar. Otra pregunta que puedes emplear es: "Actualmente, ¿qué te preocupa de tus colaboradores?". Aquí no vas a generar ninguna expectativa de que vas a solucionar todo, sino que simplemente vas a escuchar. También puedes indagar si ellos tienen claro cómo tú les puedes ayudar como área, porque muchas veces el día a día y la operación no permite que entiendan las diferentes áreas cuál es tu labor o qué es lo que tú haces y cuando tenemos este dialogo podemos encontrar ciertas lagunas que se puedan repetir probablemente en otras áreas y eso te va a dar acciones que necesitas implementar para que eso no suceda. Puedes también preguntarles: "En el pasado, ¿qué ha hecho bien Recursos Humanos?, ¿Qué te ha gustado?". Y por supuesto, también investigar la otra cara de la monedad: "¿Qué hemos hecho mal como Recursos Humanos?".

Esperamos que implementes este tour de preguntas y de entrevistas en las diferentes áreas de tu organización para que les den información muy fresca, de primera voz y puedan implementar acciones que pueden ser muy operativas o estratégicas que ayuden a mejorar el ambiente laboral. Es crítico que todo el staff de Recursos Humanos hable y comprenda 100% el lenguaje de la organización, la situación que tienen las diferentes áreas para que estén sensibles y entonces puedan hacer un mejor trabajo.

El Gerente Coach

Las relaciones laborales tiene que ver con el cómo el gerente de Recursos Humanos ayuda a los otros gerentes o supervisores o líderes o coordinadores de tu organización a que también entiendan lo trascendente de que ellos también son responsables de mantener relaciones laborales cordiales con sus subordinados.

Es muy lamentable que Recursos Humanos siempre hace lo mejor que puede para ingresar a colaboradores que están enamorados con la empresa, pero luego este trabajo se ve demeritado cuando los gerentes, supervisores o los jefes que ya están en la empresa no continúan con esta labor tan trascendente para los colaboradores. Es muy importante que siempre cualquier gerente o persona que tenga gente a su cargo se vea como un *Coach* que ayude a que las personas se sientan cómodas y que realmente haya un ambiente positivo dentro de la organización. Es muy importante que este tema lo puedas compartir con los gerentes, supervisores o toda la gente que tenga subordinados para que te ayuden en esta labor de mantener relaciones sanas entre jefes y subordinados.

Todo son responsables de mantener un ambiente laboral positivo, ya que ésta es una tarea clave de gerentes y supervisores, porque si ellos no hacen bien este trabajo, al final va a repercutir en el área de Recursos Humanos con demandas o con gente insatisfecha con el trato que tuvo de sus jefes.

Otro punto a considerar también es que los gerentes siempre deben de tratar a sus subordinados respetuosamente. Como Recursos Humanos, debemos brindarles áreas de formación a estas personas que tienen gente a cargo para que sepan dar un trato digno, retroalimentar, liderar y delegar las tareas que tiene que hacer su equipo de trabajo. Es muy importante recordar que como gerentes el éxito se va a medir en que las cosas estén sucediendo dentro de tu departamento y para esto tienes que tener muy buena relación con tus subordinados y con los compañeros de trabajo para que las metas suceda. Si tú no eres ese líder, ese *coach* que los ayuda y los impulsa a que logren las metas, no llegarán al resultado y tú te verás perjudicado.

Los empleados van a lograr el éxito, se van a sentir cómodos y van a tener una permanencia dentro de la empresa cuando sienten este acompañamiento de parte de su gerente o líder. Para que el gerente o supervisor ayude a Recursos Humanos a mantener unas relaciones laborales sanas y que nosotros como Recursos Humanos les ayudemos a saber cuáles son los métodos o estándares de trabajo que se esperan de su área. No es trabajo tuyo que les hagas todo el procedimiento y los flujos de cómo tienen que hacer las cosas, sólo tienes que impulsarlos o darles las herramientas o incluso traer una persona experta que les ayude, porque si esto está claro, todos van a poder hacer su trabajo muy bien.

Las personas que tienen gente a su cargo deben también certificar en el trabajo que está realizando su personal. Esto te va a dar muchísimos menos problemas porque no nada más es entrenar y decirles cómo van a hacer las cosas, una vez que pasa el tiempo, tú como líder eres responsable de certificar que realmente la persona está haciendo las cosas correctamente y no está haciendo las cosas correctamente, no vayas con Recursos Humanos a decir que el colaborador no está funcionando, porque primero hay que ver cómo lo entrenaste, si le diste seguimiento y si no se lo diste, tienes que volver regresarte para que la persona pueda crecer. En el caso que sí hayas hecho todo esto y aún así la persona no esté funcionando, entonces sí tendrías que proceder con Recursos Humanos para pedirle ayuda,

Todo gerente o supervisor debe motivar a sus colaboradores a que todo su trabajo siempre lo hagan con calidad, que siempre busquen la excelencia, que siempre hagan las cosas bien y a la primera. Es lamentable ver cómo muchos empleados por toda la problemática que viven en el día a día y finalmente estos problemas son por no hacer las cosas bien y a la primera, por no poner consecuencias y las cosas se siguen haciendo mal. Es tu labor ayudar a que las cosas se hagan bien y a la primera.

Es importante que como gerentes o supervisores estemos celebrando el buen desempeño que nuestro equipo de trabajo está teniendo. Muchas veces somos rápidos para recalcar lo que está mal, pero te hacemos la invitación a también acostumbrarte a recalcar lo positivo, hacerlo notar. Puedes, por ejemplo, enviarle un e-mail a un colaborador por hacer algo bien e inesperado. Son cosas muy sencillas que no te van a costar dinero ni te van a tomar mucho tiempo, pero si lo haces notar tu personal sentirá ese reconocimiento.

Si tu equipo está bien y está logrando las metas, no permitas que se queden en una zona de confort. Es tu responsabilidad ponerles metas más grandes para que estén trabajando en el crecimiento de la organización, cuando llega un nuevo colaborador o haces una promoción, dentro del área de tu equipo de trabajo, es muy importante tomar un tiempo para hablar con esas personas y establecerle las expectativas claras, es decir, cómo vas a medir tú su buen desempeño y qué esperas de ellos. Si te das este tiempo para tu gente, las cosas van a suceder de manera mágica.

Siempre tenemos que darle retroalimentación positiva a nuestros colaboradores, para que si lo están haciendo bien, lo hagamos notar y lo sigan haciendo.

Si estamos avanzando sorprendentemente en las metas, hay que celebrarlo. Puedes llevar algún pastel, algunas malteadas, alguna nota que les dejes en su escritorio. A todos nos gusta sentirnos importantes y no es únicamente labor de Recursos Humanos hacer que el colaborador se sienta bien dentro de tu área. También es TU responsabilidad.

Retroalimentación FAST

Las relaciones laborales también favorecen el fortalecer el vínculo colaborador – líder y colaborador – empresa.

Todo gerente, independientemente de si es operativo o administrativo tiene que decir las cosas en cuanto se da cuenta de ellas o las observa. Es decir, si ve un buen comportamiento, en ese momento se lo debe decir a ese colaborador. No se tiene que esperar al fin de semana o dentro de dos semanas o hasta que sea la junta de desempeño. Cuando veas algo, positivo o negativo, en ese mismo momento dilo. Es muy importante para los colaboradores, en el caso de algo positivo, darse cuenta que el líder ha notado ese comportamiento.

Siempre necesitamos dar retroalimentación a nuestros equipos de trabajo. La comunicación y la retroalimentación son las bases para el trabajo en equipo. Cuando necesites dar una retroalimentación del desempeño, tanto positivo como negativo, es importante que lo hagas instantáneo, para que también se vea la urgencia de que siga sucediendo si es algo positivo. Si es algo negativo y que necesita ser cambiado rápidamente también debes hacerlo de inmediato.

Siempre debes ser consciente de que estamos trabajando con personas que necesitan saber cómo pueden mejorar lo que están haciendo.

Si eres un gerente que se comporta como un *coach* o facilitador, vas a lograr que tu gente crezca. Nos gusta mucho la filosofía de Toyota, ya que ellos siempre hablan de la capacitación y el reconocimiento, de retroalimentar a los colaboradores de todos los niveles porque a Toyota le interesa tener gente grande, colaboradores que piensen, que solucionen problemas.

Cuando hacemos esta retroalimentación de desempeño, logramos como cultura organizacional crecer dentro de nuestra empresa.

Otro punto importante en la retroalimentación es que ya sea un comportamiento positivo o negativo se debe mencionar abierta y claramente con todo el equipo. Si es algo que no es adecuado, debes hacerlo notar de una manera cálida, empática, a todos los involucrados para que aprendan como equipo. En este apartado te vamos a compartir 4 cosas importantes para que nunca se te olvide cómo hacer una retroalimentación y estos puntos se derivan en un acrónimo de una palabra en inglés: *FAST* (RÁPIDO). Y éste es un acrónimo en inglés que te ayudará a recordar los cuatros elementos que debe tener una buena retroalimentación:

- *FRECUENT* **(FRECUENTE):** Siempre como líder debes dar una retroalimentación constante, no dejar pasar el momento, sino hacerla de inmediato cuando suceda.

- *ACCURATE* **(CORRECTO):** La retroalimentación tiene que ser con los datos en la mano, sin chismes o supuestos. Tienes que darle información al colaborador para que rápidamente pueda identificar lo que tiene que cambiar. Realiza la retroalimentación, cualquier que sea, siempre con datos estables.

- *SPECIFIC* **(ESPECÍFICO):** La retroalimentación tiene que ser específica. Te tienes que enfocar en lo relativo a un sólo punto que se real para el subordinado. No le hables de toda la problemática o de cosas que hizo mal en el pasado. Para que una retroalimentación sea efectiva y rápida, te tienes que enfocar en lo especifico, para que el colaborador rápidamente tenga ese dato estable en su mente y sepa qué va a cambiar en el caso que sea una retroalimentación de algo que se vio como área de oportunidad del colaborador.

- *TIMELY* **(A TIEMPO):** Cuando sucede algo positivo o negativo tú debes aprovechar ese momento para hacerlo notar. No te esperes a que sea después de dos semanas o cuando sea alguna junta. Hazlo en el momento. No te va a llevar mucho tiempo porque vas a estar enfocado en los datos, en lo que sucedió y esto va a hacer que tu equipo de trabajo vaya creciendo.

Debe existir apoyo entre el departamento de Recursos Humanos y las demás áreas para que exista una retroalimentación constante porque es un camino que te va a llevar más rápido al éxito de los objetivos y tus metas.

Retroalimentación correctiva
BEER

No es solo labor de Recursos Humanos retroalimentar a los colaboradores. Los gerentes de área de la empresa también deben ayudar a que se haga este trabajo de manera excelente. En este apartado nos vamos a concentrar en la retroalimentación correctiva adecuada que debe hacerse cuando algo sucede mal para no tener problemas laborales.

La retroalimentación correctiva siempre es más delicada que la positiva, porque normalmente el empleado se puede sentir mal y si no tenemos un tacto adecuado o no le hablamos con los datos, podemos bajar la moral o inclusive contaminar al resto del equipo, porque el subordinado lo va a compartir con sus compañeros y quien va a quedar mal eres tú como líder.

Debemos entrenarnos en cómo realizar una retroalimentación correctiva para evitar cualquier conflicto, ya se personal, con compañeros de trabajo. Para esto, debemos hablar basados solamente en datos concretos y eliminar cualquier detalle personal que pudiéramos sentir hacia esa persona a la que le estemos dando la retroalimentación. Una realidad que hemos observado, sobretodo con supervisores operativos, es que como no tienen información de cómo dar una retroalimentación correctiva, lo evitan y dejan que el problema se vaya haciendo más grande. Cuando la situación explota, es cuando van con Recursos Humanos a pedirles ayuda.

Muchas veces, probablemente no sepas cómo hacerlo; para esto, nuevamente te vamos a compartir un acrónimo en ingles, para aprender cómo hacer una acción correctiva efectiva: **BEER**

- *BEHAVIOR* **(COMPORTAMIENTOS):** Tienes que decirle a ese colaborador que hizo algo mal cuál es el comportamiento negativo que has estado observando. De preferencia llévalo anotado para que seas muy puntual y no te desvíes de la conversación.

- *EFFECT* **(EFECTO):** Una vez que ya le dijiste cuál es el comportamiento que has estado observando en él día o en las últimas semanas, tienes que compartirle de una manera muy puntual qué efectos está ocasionando este comportamiento en el equipo de trabajo, con los resultados, entre procesos internos y clientes internos. La persona probablemente no esté siendo consciente de cómo su comportamiento está afectando a él mismo, a sus compañeros, al área y a toda la organización. Esto también tiene que ser con datos muy puntuales, para que sea una comprensión muy clara.

- *EXPECTATION* (**EXPECTATIVA**): Lo siguiente a recalcar es lo que esperas exactamente que haga una vez que termine esta conversación contigo. Es decir, le tienes que poner en su mente un escenario ideal de los cambios que tú esperas que él vaya a hacer. Es importante hacer un diálogo con este colaborador que se portó mal o hizo algo que no es correcto para que lo escuches. Debes hacer que él tomé la responsabilidad de realmente hacer algo diferente para erradicar esa cosa que está haciendo mal.

- *RESULT* (**RESULTADO**): Este es el término de estos pasos que has seguido, para que te asegures de haberlo hecho bien. Es decir, que le digas qué va a pasar positivamente en el futuro, si él quita este comportamiento negativo. Es parecido a la expectativa, pero esta vez enfocado en cosas tangibles es decir, qué resultado va a haber para él si cambia ese comportamiento que está dañando a la organización.

Es muy importante que esto lo practiques y seas muy preciso, además de que siempre hables con datos.

Síntomas de Mal Desempeño

Muchas veces los líderes, al estar muy ocupados o tener mucho estrés, no se dan el tiempo de observar qué está pasando con su departamento o colaboradores. A continuación te vamos a compartir algunos síntomas para identificar cuando las cosas están mal, para que al detectarlos puedas tomar acción inmediata para corregirlos; puede ser una retroalimentación, una junta, pero que lo hagas notar para que esto se erradique y la gente pueda seguir avanzando favorablemente en lo que se espera del área.

Es muy importante que siempre como líder estemos atentos y despiertos, para que actuemos en cuanto veamos que algo está sucediendo, porque si está habiendo un mal desempeño del equipo de trabajo esto va disminuir la productividad, es decir, probablemente hagan las cosas más lentas, o estén cometiendo muchos errores, o estén alargando sus tiempos de respuesta y estén retrasando toda la cadena de producción, o incluso hagan esperar de más al cliente. Por eso es tan importante erradicar todo esto.

Otro síntoma que nos indica que hay un mal desempeño es cuando se disminuye la calidad del trabajo, es decir, que no estamos entregando las cosas en tiempo y forma o alguien que estaba desempeñando desde hace mucho tiempo un puesto empieza a hacer las cosas mal. En muchas ocasiones lo que se hace es asignar una persona para que le ayude y verifique que no haga las cosas mal, pero esto no es la solución, porque hace improductivo a tu equipo de trabajo. Lo que se tendría que hacer es identificar el porqué esa persona disminuyo en la calidad del trabajo que se esperaba. Eso aplica tanto en productos físicos como en áreas administrativas, los errores siempre merman el desempeño y frustran a los colaboradores.

Si continuamente tienes quejas en tu departamento o el cliente suele estar molesto porque no estás entregando a tiempo, es otro signo de que algo está fallando en el desempeño. Los más interesados en eliminar todo esto deben ser tú y los compañeros de tu área.

En ocasiones puede haber retos estratégicos o actividades que le pidan a tu área y tu gente está apática o simplemente no quiere tomar esas tareas más complejas porque ya no puede con todo lo que tiene. Éste también es un síntoma que tenemos que atender.

Es muy importante que puedas realizar un recorrido por el área de trabajo y si empiezas a observar desorganización en los escritorios o en las estaciones de trabajo, lo hagas notar porque la desorganización también es un síntoma de que algo pasa con esa persona.

Cuando empezamos a tener muchos problemas de comunicación, problemas entre personas y observas que se echan la culpa unos a otros, produciéndose chismes y pleitos, eso también es un síntoma de mal desempeño.

Si ves poca o nula iniciativa por parte de tus colaboradores para solucionar los problemas y que ya se acostumbraron a vivir en una situación con problemas constantes, esto también es un síntoma que se tiene que atender.

Si ves falta de entusiasmo, falta de cooperación entre tus subordinados, tienes que hacer algo, porque si esto lo dejas pasar, se van a acostumbrar y se va a volver parte de la cultura de tu departamento. Y lo peor es que si esto sucede en diferentes áreas, se vuelve parte de la cultura organizacional.

Debemos ser conscientes y lo debemos compartir con nuestros subordinados acerca de que el bajo desempeño puede afectar al departamento de diferentes maneras:

En primer lugar, va a bajar la moral en el equipo de trabajo. Si hay gente nueva que entró con un gran entusiasmo, quiere darlo todo y empieza a observar este tipo de síntomas, al final se va a "contagiar" y se va a volver parte de esa situación.

También se reduce mucho la productividad y esto afecta en los costos de la organización porque empiezas a entregar tarde. Los errores cuestan y es importante que tu gente lo sepa y que deben ser ellos los mayores interesados en solucionar porque no es normal que en un departamento o una operación halla problemas muy frecuentes.

Otro problema que provoca el mal desempeño es que empieza a haber insatisfacción entre el cliente interno o los clientes internos y el cliente final. Se aumenta el estrés y baja la eficiencia de las operaciones, suben los costos y por tanto se disminuye la utilidad de tu organización, lo que finalmente ocasiona que se den despidos o cierres de departamento.

Algo que normalmente no vemos es que cuando no se atiende este tipo de problemática de repente hay fuga de talento que renuncia porque está harto de esa situación.

Para que no te pase todo esto te invitamos a poner acción de inmediato para remediarlo.

Acciones Disciplinarias

Normalmente Recursos Humanos es el responsable de poner alguna acta administrativa o señalar algún problema. Sin embargo, también hay muchas organizaciones donde el gerente o el supervisor también puede llevar a cabo una acción disciplinaria, aunque no sea necesariamente un acta administrativa, ya que este proceso normalmente lo hace Recursos Humanos, pero sí llevar a cabo alguna acción disciplinaria que haga notar que está actuando de una manera no correcta.

Hay muchas organizaciones que tienen una alta rotación de persona o que tienen muchos problemas con demandas laborales y esto ocasiona estrés, ansiedad, incrementa los costos de la organización y no permite que las personas se enfoquen en hacer su trabajo.

Es muy bueno saber cómo debes actuar ante una acción disciplinaria para ayudar al área de Recursos Humanos.

Algo que nos ha quedado claro a lo largo de los años es que los gerentes o los líderes productivos siempre tienen una actitud positiva y de ayuda a para enfrentar los problemas, es decir, cuando ven alguna situación con algún colaborador o con algún equipo de trabajo, estos gerentes son más grandes que el problema, no se quedan pequeños y "apanicados" por el problema, sin saber cómo solucionarlo. Si no tienes muchas herramientas el día de hoy para ver un problema de una manera diferente, acércate al área de Recursos Humanos para que te ayuden y tengas la información clave acerca de cómo lidiar con los problemas.

Los problemas no son una condición natural de una organización. Si tu empresa continuamente tiene dificultades, tienes que ponerle atención y atender esta situación. Si frecuentemente tenemos situaciones desfavorables con los colaboradores, algo está pasando. Probablemente no tienen las metas claras, no se les han desplegado las políticas, los procedimientos o puede ser una falta de claridad entre los líderes y el colaborador o falta de retroalimentación. Estos puntos son cosas claves que todo gerente tiene que estar aprendiendo y continuamente estar mejorando.

Como gerentes o líderes es muy importante que estemos observando a nuestro equipo de trabajo y cuando vemos que un colaborador tiene problemas y algo está sucediendo, el gerente o el líder tiene que parar esa situación preguntándole qué es lo que está pasando o porque se está comportando de esa manera.

Algo que ayuda a generar empatía cuando llamamos a un colaborador que esté en esta situación es siempre preguntarle primero: "¿Tienes algún desacuerdo?". Como esta no es una pregunta normal, la persona te va a dar información muy valiosa y que probablemente darte el fondo de por qué esta teniendo ese comportamiento. Si te dice que no tiene ningún desacuerdo en su trabajo o con sus compañeros, probablemente sea algo que le esté afectando de su familia o de su entorno. En este sentido no te puedes volver el psicólogo o el coach de todo mundo, pero si hay algo en lo que le puedas ayudar sin que comprometas a la organización, ayúdale. Y si es algo que no puedes solucionar, díselo. No generes una expectativa y háblalo con Recursos Humanos, que probablemente tendrán más herramientas para ayudar a esta persona.

Si tú haces este alto, ya hablaste con el colaborador y aún así él continua incidiendo de manera negativa, tendrás que empezar con una acción disciplinaria progresiva. Es decir, levantar algún acta administrativa o algo que ayude a que el colaborador vea que ese comportamiento tiene una consecuencia.

Muchas veces, los supervisores operativos tienen miedo a entablar este tipo de acciones, pero el miedo es falta de información. Probablemente no saben cómo hacerlo o no lo entienden, o no quieren verse como malos. Recursos Humanos le tiene que ayudar a este tipo de personas para que tengan la herramienta y la información, pero sobre todo lo puedan hacer de la mejor manera.

Algo muy importante es que cuando hablamos de disciplina progresiva nos referimos a que va como una escalera, no levantas un acta administrativa de inmediato o haces la terminación laboral. Hay diferentes pasos que vas dando hasta la terminación laboral.

Es muy importante iniciar primero con una discusión informal, es decir, una vez que algo sucedió mal u observamos un comportamiento negativo con el subordinado, lo citamos y tenemos este diálogo.

Si después sigue incidiendo en esto, deberá procederse con una advertencia verbal de parte del jefe o supervisor.

Si avanzan los días y el colaborador sigue con el mismo comportamiento, no cumplió los compromisos o los acuerdos que hizo en la primera advertencia verbal, ya se procede a hacer una advertencia por escrito, donde queda plasmada una evidencia de que no está haciendo nada para solucionar la situación.

Si aún así sigue incidiendo en este comportamiento, normalmente y dependiendo del proceso de tu empresa, se habla con Recursos Humanos y se coordina el levantar un acta administrativa para que quede evidencia.

Una vez que se han levantado tres actas administrativas, ya es una causa justificada de despido y por tanto se puede dar una terminación laboral.

Es importante que valides esto con Recursos Humanos para que todas áreas de la empresa estén enteradas de cuál es el proceso que debe seguirse en este tipo de situaciones. Asegúrense de al menos dos veces al año revisar este proceso porque si todos están entrenados en cómo llevar las acciones disciplinarias progresivas de acuerdo a la organización, van a tener menos problemas.

Como líderes, siempre le tenemos que dar la oportunidad al colaborador para que pueda cambiar esa situación. Si se rehúsa a cambiar, la organización deberá tomar acciones para evitar que las demás personas del departamento aprendan que este es un comportamiento normal y aceptable, es entonces cuando se toman acciones disciplinarias más graves.

Algunas recomendaciones para implementar cualquiera de estas acciones disciplinarias es que, en primer lugar, se hagan en privado y de manera ágil. No lo hagas frente a todos los compañeros de trabajo.

También debes mantenerte en el foco del problema o de la situación y buscar acciones concretas. No mezcles cosas del pasado o asuntos personales. Enfócate en la situación y él también va a poder generar acciones muy concretas para mejorar esa situación.

Procura crear una atmósfera positiva de solución. Es decir, no lo hagas como un regaño, cuida el tono de tu voz, aprende cómo hacerlo.

Siempre describe la situación objetivamente, con datos estables. No hables con supuestos o con rumores, si tú observaste algo, haz una lista y usa puros datos concretos para implementar esta acción disciplinaria.

Una vez que el colaborador ya aceptó su responsabilidad y están viendo lo mismo, ayúdale a describir lo que quiere, necesitas o esperas que cambie de esta situación o qué cambios se imagina que deberá implementar una vez que terminen esta reunión para que él o ella se comprometa.

Toma datos por escrito de todo lo que compartió, implementen acción y sigan avanzando.

Estrategias de Apreciación del Personal

A continuación queremos compartirte estrategias y tips que te ayudarán a mejorar todo el ambiente laboral de tu organización.

La apreciación del personal en el lugar de trabajo es una pieza clave y fundamental para que una empresa pueda crecer y siga siendo competitiva. Nosotros creemos mucho en la fortaleza que el recurso humano le da a las organizaciones y por eso nos interesa que este recurso humano sea cada vez más feliz.

El 65% de las personas deja su trabajo por la falta de Apreciación. Recursos Humanos suele ser muy bueno para organizar eventos y hacer que el colaborador se sienta apreciado; sin embargo, muchas veces esta información no baja a sus líderes, supervisores o gerentes y no saben cómo hacer sentir apreciado a su personal, lo que lleva a índices de rotación de personal muy altos.

El 58% de las personas piensa que tan sólo con reconocerles su trabajo estarían más felices, mientras que el 67% de los Gerentes piensa que el reconocerles sus logros supera a otras iniciativas como incentivos monetarios. Y si este reconocimiento viene de la dirección, de Recursos Humanos o de otra área, consideran que es un reconocimiento más importante.

Sólo el 14% de las organizaciones tiene establecido un Sistema de estrategias de reconocimiento.

Con estas estadísticas, podemos llegar a la conclusión de que los trabajadores dejan su empleo por falta de apreciación y reconocimiento. ¿Cuánto podría llegarte a costar esto? Por lo regular estos costos no se miden en una organización, incluso llega a parecer que Recursos Humanos es una "fábrica" que no llena todas las vacantes que hacen falta por la rotación de personal tan alta que tienen.

Esto también implica costos, porque cuando una persona nueva entra, tienes que invertir en su capacitación para que sea productiva.

Debemos empezar a crear una cultura en torno a Recursos Humanos y las áreas que están a su alrededor, para que los gerentes, supervisores y coordinadores conozcan este tipo de estrategias y ayuden a valorar el personal que entra a trabajar en la organización.

La Apreciación en el lugar de trabajo aumenta la autoestima en el colaborador y eso se traduce en que la gente se vuelva más productiva, porque al sentirse valorados por la organización, ellos también se comprometen y por lo tanto llegan más temprano, su desempeño aumenta, el compromiso se manifiesta más porque se sienten valorados. Eso también hace que el ambiente laboral y el trabajo en equipo sucedan de una manera más positiva.

Algunas herramientas que puedes implementar para mejorar tu estrategia de apreciación son:

1. SALUDA A TU STAFF.

Los líderes que tienen subordinados a su cargo siempre deben saludar a su gente. Cuando hagas algún recorrido por la planta o por la oficina, siempre practica el hábito de saludar.

A todos nos gusta sentirnos importantes y recibir el saludo diario hace que las personas empiecen de una manera diferente su día.

Es importante tomar en cuenta que las pequeñas cosas son las que cuentan y son las que hacen sentir importantes a nuestros colaboradores.

Saluda siempre a cualquier persona con quien te cruces, independientemente de si no es de tu área, que sea alguien de nuevo ingreso, siempre hazlo de

Al final, también deséales un buen día, despídete de manera cordial. Haz que con este tipo de estrategias se genere un efecto positivo y un ambiente que se contagia.

2. OBSERVA LOS "DETALLES MÁGICOS".

Cuando vayas haciendo un recorrido por tu oficina o por la fábrica, pon atención a los detalles cuando alguien está haciendo algo bien. En ese momento haz un alto y dale las gracias o felicítalo.

Pueden ser cosas tan simples como apagar las luces al salir o cambiar el garrafón del agua. El hacerlo notar con gratitud generara que siga haciéndolo porque aprendió que es algo positivo.

Esto, además, hay que hacerlo público, para que todas las demás personas entiendan que estamos en un ambiente de colaboración y que todos debemos cuidar a la empresa.

Te invitamos a manifestar este tipo de apreciación porque todas las personas necesitamos sentirnos valoradas. Una organización, por más automatizada que esté, no funciona si no cuida a su recursos humano.

3. ANIVERSARIOS.

A todos nos gusta sentirnos especiales y cuando es nuestro cumpleaños es fundamental que también sintamos el cariño y el aprecio de nuestra empresa, por esto es que sugerimos que puedas celebrar los cumpleaños de tu staff.

Muchas veces se celebra cada vez que haya un cumpleaños se compre un pastel para festejar a los involucrados, generalmente en las áreas administrativas. Sin embargo, en áreas operativas, por el número de personas, a veces es un poco complicado. Algunas buenas prácticas que hemos observado para estos casos son el dejarles una tarjeta, unos globos, o incluso en algún momento de la jornada organizar que se le cante una porra o las mañanitas.

Esto es muy importante que lo hagamos a todos los niveles de la organización. No podemos hacer diferencia de sólo hacerlo para el personal administrativo y dejar al personal operativo de lado.

Además de los cumpleaños, recomendamos también celebrar los aniversarios de 5, 10 y 15 años, generar alguna celebración a fin de año con algún reconocimiento distintivo que haga que las personas se sientan orgullosas de pertenecer.

Cotsco, por ejemplo, en el gafete de identificación le pone a los empleados cuantos años llevan ahí. Esto también repercute en la gente nueva que va entrando, porque ven que en la organización se valora la antigüedad de los colaboradores.

Otra práctica que podemos tener es que los líderes, gerentes o el resto del staff escriba una carta de felicitación para las personas que cumplan años. Un detalle escrito hace que la persona se sienta especial porque le dedicaste ese tiempo aparte.

Es importante también poder mostrar en un periódico mural las listas de cumpleaños y aniversarios que se celebran ese mes.

Reserva un presupuesto anual para este tipo de fechas, que necesariamente implicaran un gasto por parte de la organización para que puedan hacerlo.

Hay algunas compañías que deciden dar como un incentivo el permitir que el día de su cumpleaños la persona no vaya a trabajar. Esto depende de cada organización, pero también funciona como motivante.

4. POSITIVOS.

Haz una lista de 3 cosas positivas de tu staff cuando evalúes su desempeño. Cada cierto periodo de tiempo tenemos que estar retroalimentando a nuestro staff, tanto Recursos Humanos a sus compañeros de área como los otros gerentes.

Si nosotros tenemos este parámetro de que al momento de retroalimentar el desempeño, primero les reconozcamos 3 cosas positivas, cuando retroalimentemos lo negativo, la persona va a estar más receptiva a escuchar e incrementa las posibilidades de que pueda cambiar eso que está haciendo hoy mal.

Es importante que las personas siempre se sientan contentas con las retroalimentación que les des y que no les provoque una reacción de miedo, que las personas no quieran acudir a la oficina del jefe.

Una vez que termines la retroalimentación de una persona, pídele que te comparta cómo se sintió para que tú también puedas valorar el grado del mensaje que estás dando a los colaboradores en las retroalimentaciones tanto positivas como negativas.

Siempre debes hacer este cierre porque la persona tendrá que emprender algunas acciones para cambiar lo que le retroalimentaste y que se puedan documentar los acuerdos para que en la siguiente evaluación de desempeño tú puedas retomar esta parte que quedó como área de oportunidad y la persona pueda seguir creciendo y aprendiendo en tu organización.

5. *"LO TENDREMOS LA SIGUIENTE VEZ"*.

Esta estrategia esta pensada para cuando las cosas no están saliendo bien en nuestro equipo de trabajo. Esto es muy importante porque no todo es celebración, somos seres humanos y a veces cometemos errores, por lo que puede haber un proyecto o una meta en la que no estemos avanzando en el tiempo o dando los resultados. Y esto baja la moral del equipo.

En estos casos, es muy importante hacer una reunión con el equipo y preguntarles: "¿Qué necesitamos para que esto mejore?". O, en caso de que ya haya terminado el proyecto: "¿Qué necesitamos hacer para que la siguiente vez esto nos salga mejor?".

Esto debe ser una sesión de retroalimentación donde tu personal sienta la confianza de expresar lo que salió mal, porque a ti lo que te interesa como líder de tu área o de Recursos Humanos es que la gente aprenda y sepa qué cambiar la siguiente vez.

Si dedicamos este espacio al término de un proyecto o en los momentos de crisis cuando las cosas están saliendo mal, la gente te dará ideas que ayudarán a revertir el resultado negativo que están teniendo.

Es importante que en esta sesión también comiences reconociendo lo positivo, lo que están haciendo bien. Y después, inmediatamente reconozcan lo positivo.

Toma nota como líder de lo que se tendrá que hacer la siguiente vez, para que una vez que empiece el siguiente proyecto o la siguiente meta, incluso en un momento en el que se encuentren en crisis, pongan los acuerdos documentados, hagan una minuta, pongan responsables y esto se pueda revertir.

Asegúrate de hacer todas estas acciones de inmediato para que la gente vea que sí sucedió un cambio y ellos también se sientan comprometidos en que la siguiente vez tendrán que hacer su mejor esfuerzo.

6. SALIDAS TEMPRANAS.

En el día a día, tenemos labores que son muy repetitivas o muy operativas, que hacen que la gente se sienta robot haciendo siempre lo mismo y no hay nada que sorprenda a tu staff.

De vez en cuando, deja salir temprano a tu staff. Pueden ser 30 minutos antes o un fin de semana que permitas que el sábado no vayan a trabajar, o en días feriados que no son por ley, dales medio día libre, para que las personas se sientan agradecidas de que les estés dando un espacio diferente que rompa la rutina habitual.

Es importante no hacer esto siempre, sino que sea como un factor sorpresa y aleatorio por los departamentos para que la gente también esté a la expectativa.

Debes hacer esto sólo con los departamentos que estén cumpliendo sus metas, que estén llegando a tiempo, que estén haciendo cosas sorprendentes y no nada más el trabajo diario.

No lo hagas costumbre, sino de manera aleatoria. Con esto lo que buscas es que tu personal salga de la rutina e incremente el compromiso con tu organización para que al final den todos juntos mejores resultados.

7. SIEMPRE DEBES ESTAR DISPONIBLE.

Para ser un buen líder, mantén una política de puertas abiertas, es decir, siempre debes estar disponible para tu gente.

Sin importar tu área, siempre tienes que estar disponible con tu staff más cercano, porque estamos trabajando con seres humanos y las personas pueden estar haciendo muy bien su trabajo, pero al mismo tiempo traer un problema de una situación fuera de la organización que esté o pueda afectar su desempeño. Si mantienes esta política de puertas abiertas y le das esta confianza a tu equipo esto también ayudara a que la persona salga de la situación que esté viviendo en estos momentos en lo laboral o en lo personal.

Es muy importante que todos conozcan tus políticas de puertas abiertas, si vas a destinar un día para ello o si es en cierto horario. Tú también tienes que hacer tu trabajo y no puedes estar todo el día escuchando a todo mundo. Para esto, te invitamos a que mejores tus procesos para que tus colaboradores no tengan que estarte preguntando continuamente cosas del trabajo. Si mejoras y capacitas a tu gente, esto baja muchísimo el que te estén preguntando cosas operativas y deja tiempo para que en tus política de puertas abiertas puedas tocar otros temas personales o a lo mejor del departamento.

En este caso es muy importante que nunca te comprometas o excedas las expectativas de lo que puedas hacer por el colaborador. Hay que escucharlos y si hay algo que puedas hacer, díselo. Si no puedes hacer nada, que al menos la persona te agradezca porque lo escuchaste.

Debes mantener un orden, sobre todo en áreas muy operativas, porque en ocasiones la gente malinterpreta esta política de puertas abiertas y empiezan a acudir a hacer quejas de los supervisores, de los jefes y no es de esto de lo que trata la política de puertas abiertas, sino de la mejora continua y de mejorar el desempeño personal y laboral de tus colaboradores.

8. OPORTUNIDADES.

Todas las personas queremos crecer, tanto en el ingreso salarial como en los diferentes puestos que puede haber en una organización. Esto se conoce como plan de carrera.

Hay muchas organizaciones que tienen muy bien estructurado el plan de carrera que un colaborador tiene que tener, porque la gente quiere seguridad y si tu empresa le provee oportunidades de crecimiento de acuerdo al tiempo que lleve en tu organización, tanto en salario como en responsabilidad o con otro puesto, esto hará que también tu persona se sienta apreciado y disfrute estar en tu compañía.

Es muy importante que no nada más Recursos Humanos sea el promotor de remplazar las vacantes con personal externo, también los líderes de las otras áreas o departamentos deben estar atentos del personal que quiere crecer dentro de la organización para que lo vayan capacitando y esto permita que en el momento que haya una vacante le puedan avisar a Recursos Humanos que tienen a la persona indicada para cubrirla.

Hay que hacer un trabajo conjunto entre los departamentos y Recursos Humanos porque todos son la empresa

Debemos estimular la multifuncionalidad de nuestros colaboradores, es decir, que sean capaces de hacer las actividades que hacen sus demás compañeros, para que cuando alguien falte o se salga, las personas estén listas y preparadas para acceder a esa nueva vacante. Recuerda que si esto no lo hacemos, incurrimos en problemas, en costos, en dificultades con la calidad, se desfasan los tiempos porque las personas no tienen al 100% la pericia o competencia para realizar una actividad.

Tu staff, subordinados y colaboradores siempre van a apreciar las oportunidades de crecimiento.

9. MURAL DE MOTIVACIÓN.

Esto es muy sencillo. Sólo tienes que encontrar o destinar un espacio en alguna pared para un mural o para un pizarrón de corcho que puedas comprar, donde tanto tú como tus colaboradores puedan poner todas las buenas noticias que están sucediendo en tu organización, en el entorno o en el mundo.

Debe ser un mural que al momento que la gente lo lea, cambie su estado de ánimo, con cosas positivas: si han logrado una certificación, la felicitación de un cliente, hay que pegar el e-mail o la foto de la entrega, algo que haga que la gente se sienta parte de lo que está sucediendo dentro de tu organización.

Esto automáticamente aumenta el aprecio entre ellos porque les estás compartiendo información importante que muchas veces sólo se queda entre los gerentes y no baja al personal de toda la organización.

Dependiendo de la creatividad de tu equipo de trabajo, puedes crear retos o competencia de motivación interna para que los diferentes departamentos de la empresa estén compartiendo información valiosa y motivante que les ayude a mantener una actitud mental positiva en todos los colaboradores de una organización.

Recuerda que con esto lo que buscamos es aumentar la moral de los compañeros para que mejoremos el ambiente laboral.

10. SÉ FLEXIBLE Y COMPRENSIVO.

Tienes que ser flexible y comprensivo porque estás trabajando con seres humanos. Tu staff no solamente opera una máquina o hace ciertos reportes, sino que está conformado por personas que tienen una vida propia, donde algunas veces tendrán situaciones personales y tendrán que faltar al trabajo.

Quienes sean padres de familia, por ejemplo, tendrán eventos con sus hijos, festivales escolares, y es importante darles este espacio para que ellos puedan cumplir con su labor como padres.

Hay empresas que son muy rígidas en sus políticas y no les dan esta oportunidad. En estos casos es que la persona esté ahí porque necesita el trabajo, pero les está faltando esta parte complementaria de que la empresa les apoye a estar cerca de su familia.

También se pueden dar situaciones con familiares enfermos, donde tendremos que platicar con ellos, aclararles que no siempre se podrá dar esta facilidad, pero sí brindarles apoyo en la medida que sea posible.

Esto para que la persona incremente su compromiso y sienta esa confianza contigo. Tu staff estará eternamente agradecido cuando tienes este tipo de detalles, porque comprenden que tú también eres un ser humano y cuando tengas alguna situación donde debas ausentarte, sin duda te apoyarán.

Recuerda que el Recurso Humano es lo más valioso que tenemos como organización y no solamente se incentiva con dinero o con infraestructura. Se incentiva en el día a día con diferentes estrategias que los sorprendan para que ellos sientan esa confianza de estar en tu organización.

11. RECUERDA LOS NOMBRES.

Esto es fundamental. Sabemos que a veces hay jefes o gerentes que tienen a su cargo 100 o más personas y es imposible recordarlos a todos; pero si empiezas poco a poco, llegara un momento donde reconocerás y te sabrás el nombre de todos.

Esto es muy importante y tenemos que hacer un esfuerzo como líderes para aprendernos el nombre de todas las personas que colaboran con nosotros, ya que esto les hace sentir especiales.

Mary Kay comentaba que todas las personas tenemos la necesidad de sentirnos importantes. Si le llamamos a cada persona por su nombre, los estamos haciendo sentir importantes.

Estamos trabajando con seres humanos e independientemente de que estés en el área más fría de la organización o que sea un proceso sumamente automatizado, tenemos como líder o como coordinador que conocer a nuestra gente, porque esto incrementa la confianza.

Ésta es una de las cosas más importantes que el líder tiene que tener como hábito, de realmente conocer cómo se llama su personal.

Algunas personas dicen que "no son buenos para los nombres", pero, por ejemplo, ¿no te sabes el nombre de todos tus familiares? El punto es que hagas lo mismo con tus colaboradores, porque ellos son parte de tu segunda familia y con ellos compartes muchas de las cosas que en el día a día estás viviendo.

Puedes utilizar estrategias de asociar nombres, ver con qué letra empiezan para que tu mente los vaya registrando y sea para ti más sencillo el asegurar los nombres. Muchas veces ayuda que en el gafete venga el nombre del colaborador.

12. POST-ITS.

Contribuye con el factor sorpresa y en post-it o en alguna tarjetita, a mano, deséale un buen día o felicítalo por el excelente trabajo que está realizando. Incluso si tienen algún reto o alguna meta, anota algún mensaje de motivación para su esfuerzo, para que todos sientan que estás notando lo positivo.

Si la gente siente que estamos reconociendo lo positivo, aprenden que esto es bueno y lo sigan repitiendo. Entonces veras que con esto incrementaras muchísimo la confianza en tu equipo de trabajo y muchos inclusive hasta guardarán la nota, porque tú se las hiciste a mano.

También, ¿por qué no? Aprende a dibujar.

Recuerda que esto no debes hacerlo todos los días, sino de manera aleatoria o cuando esté sucediendo algo importante y trascendental en la organización para que no dejes que la operación los deshumanice y dejen de celebrar lo positivo.

13. MESA DE GRATUITOS.

Hay gerentes o jefes que salen de viaje y en ocasiones hay cosas que son gratis, como folletos, suvenires, plumas, vasos, etc. Puedes destinar una mesa dentro de tu oficina donde pongas todo este tipo de objetos o información y que tus colaboradores puedan llegar a ver que les trajiste.

No tienes que gastar dinero, sólo tienes que pedirlas. El punto es que sorprendas a tu gente cuando salgas de viaje o te hayas ido de vacaciones.

Es un detalle muy bonito porque hace a la gente sentirse apreciada y lo que piensan es: "Se acordó de mí". Esto es algo clave, te aseguro que a ti también te gustaría que tu jefe también lo hiciera. Hay que comenzar por nosotros mismos a implementar esta mesa.

La Mesa de Gratuitos crea momentos mágicos de convivencia entre tus colaboradores, porque puedes organizar la mesa, les puedes llamar a que vengan a ver qué trajiste y hacer una dinámica de reconocimiento, el porqué escogiste esas cosas, que les platiques cómo te fue y es también algo que nos ayuda a romper la rutina diaria.

14. CUPONES SORPRESA.

Esta estrategia la puede implementar Recursos Humanos en conjunto con otras áreas. Hay muchas marcas que tiene cosas que regalan, lo único que se tiene que hacer es el convenio con la marca con Recursos Humanos para que puedan brindarle diferentes cupones a sus colaboradores de todos los niveles de la organización.

Por ejemplo, hay empresas de calzado que tienen sus ventas de saldos, hacen unos folletos que le entregan a Recursos Humanos y ellos se los entregan junto con el sobre de la nómina al personal operativo. Ellos muchas veces no saben que va a haber este tipo de ofertas o de cupones y este tipo de gestos los agradecen y aprecian mucho.

Otro tipo de cupones que puedes hacer de manera personalizada dentro de tu empresa son, por ejemplo, para salir 1 hora antes, llegar 1 hora más tarde, gratis una taza de café o una dona, un sábado de descanso, etc. Estos cupones los puedes poner en una mesa, tapados, para que las personas los elijan al azar y lo que le haya tocado, sea su sorpresa.

Esto es muy padre hacerlo al menos una o dos veces al año para romper con la rutina de las organizaciones, salir de la operación y que la gente pueda disfrutar de esa sorpresa que le toco.

Es muy importante que permitas que ellos puedan canjearlos en cualquier momento, ya que lo que busca esta estrategia es sorprender a tus colaboradores para mantener la lealtad de tu staff y hacer que el trabajo y el día a día sean más felices.

15. TABLERO DE LOGROS.

En un área de una pared, independientemente del área donde se manejen, puedan poner felicitaciones de algún cliente, algún correo que hayan recibido con noticias positivas en relación a lo que han venido trabajando.

Si consiguieron algún contrato o tienen nuevas metas con algún nuevo cliente, es importante mencionarlo para que los colaboradores se vayan preparando.

Tener este tipo de espacios dentro de tu oficina o fábrica, independientemente de si eres un jefe de producción o un supervisor o un director de Recursos Humanos, porque el staff debe estar informado, es parte de tu compañía y deben compartir las cosas positivas que están sucediendo en tu organización, ya que si no lo hacemos, la gente se va alejando y todo se vuelve monótono. Ellos quieren sentir que son parte de algo.

Sabemos que hay información que es confidencial, o de repente no se puede compartir; sin embargo, hay maneras en las que les puedes presentar este tipo de información, porque a final de cuentas, ellos forman parte de tu empresa.

En este tipo de tableros, el staff también puede tener la oportunidad de colocar las cosas de lo que ellos se enteren en las juntas o reuniones que vayan teniendo, en la organización, para que no solamente sea labor del encargado del departamento o del área de Recursos Humanos, Esto es muy importante para que la comunicación fluya con datos estables y las personas puedan enterarse desde la fuente o desde el creador de la información porqué es importante compartir esa buena noticia.

16. "PONME AL TANTO".

Esta estrategia la recomendamos que sea cada trimestre, cuando de una manera sorpresiva llamas a algún colaborador o subordinado tuyo, y le dices que quieres tener una conversación personal y que te ponga al tanto.

Se van a sorprender y probablemente no entiendan a que te refieres. De manera muy natural tú debes decirles: "Quiero que me pongas al tanto acerca de como estás en este momento dentro de la organización o dentro de este departamento".

Debes invitar al diálogo, sin comprometerte a hacer cosas que no están en tu alcance, pero sí es importante empezar a generar una comunicación diferente con los diferentes colaboradores.

Algunas cosas que les puedes preguntar en este caso son: "¿Qué has estado haciendo bien? ¿Por qué te sientes orgulloso de esto que estás haciendo bien?". También puedes emplear la pregunta: "Esto que tienes que hacer y que es un reto, ¿en qué se te está dificultando? ¿Te falta alguna herramienta, alguna capacitación?". Y aquí debes entrar en un diálogo con tu colaborador.

Muchas veces se ponen las metas o los proyectos, la gente dice que sí puede sacarlos, pero en el fondo no tienen la competencia, la habilidad, el conocimiento o les faltan herramientas para poder realizarlo.

Estas reuniones de "Ponme al tanto", son reuniones donde tú puedes ir evaluando cómo están tus colaboradores en relación a la meta o la tarea y poner planes de acción, lo que te estén diciendo y esté a tu alcance, empezar a implementarlo.

Pídeles su opinión acerca de lo que recomienden para que mejore el ambiente en el departamento o en el proceso o el área. Te pueden dar ideas muy interesantes que una vez que escuches a todos puedes dar una retroalimentación general de lo que se va a implementar para vivir la mejora continua en tu área.

Recuerda que esto siempre va ligado a la política de puertas abiertas que recomendamos anteriormente porque lo que tú como líder necesitas de tu gente es su retroalimentación y estos espacios son la clave para que ustedes puedan lograr o superar los objetivos y expectativas que se tienen de su área.

17. CAFÉ.

La estrategia de tener café disponible para tu staff, colaboradores o subordinados es algo muy importante. El agua y el café en las oficinas no pueden faltar porque esto puede provocar que la gente esté temerosa de no poder solicitar cosas y no se vive un ambiente de compartir, se sienten las cosas muy frías.

El café nos ayuda a tener calidez dentro de la organización, y que el colaborador sienta que estás cuidando y proveyéndole de este insumo que a veces es muy necesario tener dentro de las oficinas.

Al respecto de esto, no seas tacaño o "codo". Muchas veces las empresas colocan un café en el área o le piden al personal que ellos se pongan de acuerdo. En una ocasión nos tocó estar en una organización que tiene muchos pisos y en todos, siempre en la mañana había café. Ahí se hacía un ambiente muy padre, porque ya era como un ritual que en la mañana todos llegaban a tomar el café de manera muy rápida y cada quien regresaba a su lugar de trabajo. Esto cortaba con lo frío que en ocasiones pueden llegar a ser las oficinas.

Un café especial, ¡a nadie le cae mal! Que ya esté preparado cuando alguien va a llegar a tu oficina y listo, es algo que todos agradecemos.

Este tipo de actos aumentan especialmente la camaradería entre tu staff. Recuerda que ellos son tu segunda familia.

18. FIESTA DE 5S O DE FORMATOS.

De repente hay actividades que se tienen que hacer dentro de tu departamento y que tú como jefe o líder tienes que coordinar. Sin embargo, no a todos les gusta hacer las 5s, hacer limpieza, ordenar. O incluso pueden traer un trabajo muy atrasado que lo van posponiendo porque no les gusta.

Lo que te proponemos es hacer una fiesta de 5s o de un llenado de formatos o de sacar todo lo atrasado, porque lo han dejado postergar porque no les gusta. Lo que debes hacer es cambiar el estimulo como líder para que todos se sumen a sacar esa actividad.

Puedes indicarle a tu personal que al día siguiente o la próxima semana habrá una fiesta de terminar lo pendiente. Les vas a explicar que van a tener un bloque de espacio ese día para poder dedicarse a la actividad. Lo que te sugerimos que hagas como líder es llevar unas malteadas, o poner alguna música especial, o compartir un refresco al final, cuando todos hayan acabado.

Esto es algo muy padre porque contribuye a cambiar el estímulo. A veces los colaboradores tienen muchas cosas que hacer y van dejando lo que no les gusta hacer. Si tú cambias el estímulo haciendo una especie de fiesta sorpresa al respecto y luego hay un condicionamiento positivo de algún reconocimiento que les vas a dar o algún intercambio, la gente va a disfrutar esta actividad y no se les va a hacer tan pesado.

Puedes hacerlo también algún viernes por la tarde, dejar esa fecha en especifico, para que sea una fiesta de archivo o de limpiar todas las oficinas.

Todo esto funciona, lo único que debemos hacer es poner acción. Te invitamos a que pongas a trabajar tu creatividad para que puedas aplicar esta estrategia y sacar los pendientes de tu área, porque recuerda que la función que tenemos como líderes es ayudarles a que lleguen a las metas y hacer más divertido su trabajo.

19. ESPECIAL DE PELÍCULA.

Una vez cada mes o cada trimestre, dependiendo de la ocupación que tenga tu equipo de trabajo, puedas seleccionar alguna película con algún mensaje donde ellos puedan aprender o reflexionar sobre ciertos valores o cierto caso que muestre la película y que ellos estén viviendo, es decir, usa la recreación como parte del crecimiento de tu staff.

Esto es muy padre porque es una sorpresa. Puedes llegar un viernes por la tarde y decirles que va a ser un viernes especial; lo que tú ya previste, escoger la película, llevar algún snack, preparar una sala con un buen sonido, un buen ambiente y proyectar la película.

Puedes dedicar el tiempo que dura la película a estar observando, compartiendo, divirtiéndose y familiarizándose más entre ustedes.

Te sugerimos que una vez que termine la película, hagas una rueda de comentarios para crecer con el mensaje de la película, para que todos compartan cómo lo que se vio en la película se puede aplicar en el día a día.

Una vez que esto termine, agradece su tiempo y continúen con el trabajo.

Estos cortes, además de cambiar el estímulo, hacen que la gente tenga una especie de entrenamiento diferente a lo que día a día la empresa puede proveer.

Conocemos empresas que no tienen el presupuesto para capacitar a su personal. Como líderes, tenemos que hacer que nuestra gente crezca.

20. DONAS.

Esta estrategia se trata de sorprender a tu staff. Organiza una "reunión de donas" para dar una buena noticia, felicitar a algún miembro o a los miembros de tu equipo de trabajo por alguna meta que hayan alcanzado o avisar de algo importante que va a suceder en la organización.

Esta estrategia hará que tu staff se sienta incluido y más creativo, además de consentido por su líder o jefe, lo que contribuirá a hacer más estimulante el ambiente de trabajo.

Sabemos que el resultado y la productividad del trabajo son muy importantes, pero tenemos que hacer cortes a lo largo del año para cambiar el estímulo de nuestros colaboradores.

Nos ha tocado dar seguimiento a corporativos muy importantes y hemos escuchado desilusionados a los directores comerciales de decir: "Este trimestre alcanzamos las metas, pero aquí ya se acostumbraron a que cumplamos las metas." Una persona necesita sentir reconocimiento y aprecio.

21. FLORES O FRUTAS.

Nosotros recomendamos poder mantener un presupuesto anual destinado para ocasiones especiales, como los nacimientos o matrimonios. O incluso para ocasiones tristes, como los fallecimientos.

Esto es muy importante porque son ocasiones que marcan la vida de las personas que trabajan contigo. Si tienes ya un presupuesto asignado para este tipo de ocasiones, cuando sepas de alguno de estos acontecimientos, podrás enviar algún arreglo floral o frutal y agregar una nota con un mensaje de tu puño y letra, felicitando o dando tus condolencias al colaborador.

Estas cosas son muy apreciadas porque tanto en tiempos alegres como difíciles, es increíble como reaccionamos como personas cuando alguien se toma el tiempo de darnos un detalle de este tipo.

22. SEMANA DEL APRECIO.

No todo tiene que estar ligado a presupuestos que te dé tu empresa. Esta estrategia es muy creativa y se trata de: un lunes por la mañana, diles a tu equipo de trabajo que es la semana del aprecio anual, donde cada uno de los miembros del staff tendrán que escribir notas de aprecio a sus compañeros durante toda la semana.

Estas notas deberán ser creativas y tener mensajes positivos acerca del porqué aprecian a esa persona. Todas las semanas se van colocando las notas de aprecio en los diferentes lugares de los compañeros.

Al finalizar la semana, puedes realizar una pequeña reunión de convivencia, donde se recopilen las notas más creativas o se compartan algunos de los mensajes.

23. ASADO DE VERANO.

Normalmente, algunas organizaciones utilizan este tipo de momentos, pero no en todas las áreas. Te sugerimos que puedas dedicar una tarde o un sábado con tus colaboradores para organizar un asado y que cada quien traiga diferentes cosas, no todo tiene que salir del presupuesto de la compañía.

Puede ser una carne asada u organizar una taquiza, lo que ustedes quieran, pero el punto es organizar algo extraordinario por tus colaboradores, es decir, una convivencia sorpresiva.

Lo puedes hacer a mediados de año para incrementar la motivación del equipo y romper con la rutina.

Hay dos reglas simples que te queremos compartir al respecto:

En primer lugar, no se lleven trabajo ni tengan charlas acerca de los pendientes del área. El evento es para convivir como personas, quitar las jerarquías y hablar como seres humanos que están compartiendo.

Otra cosa que siempre recomendamos es que este tipo de convivencias se hagan sin alcohol, para que sea una convivencia muy sana entre todos. Esta reunión es para compartir y conocerse en otros ámbitos de la vida. Es algo muy positivo que aumenta la apreciación y el compromiso del resto de tu equipo.

24. PASTEL SIN MOTIVO.

Generalmente asociamos el pastel con una celebración. Esta estrategia consiste en llevar un pastel a tus colaboradores así, sin ningún motivo.

La idea es convivir un momento con ellos en un ambiente diferente. Puedes ligar ese pastel a algo que tienen que hacer como equipo o un logro que hay que celebrar dentro de la organización.

El punto es que sea sorpresivo para tu gente. Aquí tienes que aplicar el factor sorpresa para que tu staff siempre esté sorprendido.

Este tipo de detalles aumentan el sentido de aprecio entre tus colaboradores y sin duda la lealtad a tu organización.

25. EL MEJOR LUGAR.

Como líder, tienes la responsabilidad de brindar el mejor lugar a tus colaboradores. Sabemos que un tema delicado siempre es el presupuesto, que no hay dinero, pero si la gente no está a gusto o no tiene las herramientas necesarias para llevar a cabo su trabajo, es gente que en un momento dado se va a cansar o incluso va a tener un daño a su salud y se va a ir de tu organización.

Esto es algo muy serio, porque hay muchos sectores empresariales donde lo más importante es la productividad, los costos, la calidad. Esto es importante, sin embargo, Recursos Humanos es un área que siempre esta empujando y batalla muchísimo para que los empresarios o los directores les den presupuesto para mejorar el ambiente laboral.

La ergonomía mata a lo ostentoso. En ocasiones hemos visto corporativos o fábricas donde los edificios son muy bonitos, pero las sillas son incómodas, la gente está dañando su espalda, no hay tapetes anti-fatiga para la gente que está todo el día de pie o no hay fajas para la gente que tiene riesgo laboral las utilice, todo porque no hay un presupuesto para ello.

Es responsabilidad de todos los líderes o departamentos buscar una cultura de seguridad y de ergonomía en el lugar de trabajo. Siempre vamos a trabajar mejor cuando nuestra seguridad está cubierta. Cuando sentimos riesgo, la gente empieza a mermar su productividad o empieza a haber problemas.

Tus colaboradores pasan la mayor parte de su día en una estación de trabajo. Por eso nos tenemos que asegurar que ésta sea fresca, esté bien ventilada, bien iluminada, tenga lo necesario para combinar el descanso con lo productivo.

Tenemos también que buscar las herramientas más cómodas y productivas. Como líder, debes observar qué herramientas son las adecuadas para que tu equipo pueda incrementar su productividad. Haz equipo con diferentes departamentos y hagan una brigada para que se tengan las herramientas, la ergonomía y el ambiente propicio.

CAPÍTULO V

DESEMPEÑO

"Si el desempeño se queda corto ante las expectativas, el cliente queda insatisfecho. Si el desempeño coincide con las expectativas, el cliente queda satisfecho. Si el desempeño excede las expectativas, el cliente queda muy satisfecho y encantado".
—Philip Kotler.

Evaluación de Desempeño

Muchas veces no se hacen las evaluaciones de desempeño, porque se tiene el temor de levantar una expectativa, no se tiene tiempo o no se tiene la información o la herramienta de cómo hacerla.

La evaluación del desempeño ayuda a que tus colaboradores crezcan y a realmente identificar las fortalezas y debilidades que está teniendo tu personal.

Todo colaborador tiene el derecho de saber cómo está su desempeño. Hay empresas que tienen una plantilla laboral de miles de personas y es imposible hacer este tipo de evaluaciones de desempeño; sin embargo, puedes empezar con personal clave, con gerencias, mandos medios y después, con herramientas automatizadas, podrás hacer la evaluación del desempeño del resto de la organización.

Primero debemos entender qué es la evaluación del desempeño. Una de las actividades más importantes de cualquier gerente que tiene subordinados o gente a su cargo, es conocer el desempeño que está teniendo su gente, ya que esto va ligado al resultado, por ello los gerentes y supervisores deben ser los más interesados en esto para que identifiquen sus áreas de oportunidad y que de ahí se puedan hacer mejores programas de capacitación que les ayude a fortalecer lo que hoy está débil.

La evaluación de desempeño no es "una llamarada de petate" que se hace una vez cada 10 años, o se hace sólo "por moda", porque ahorita todo mundo la está haciendo. La evaluación de desempeño es un proceso continuo y no es de una sola vez, porque todas las personas necesitamos tener esa retroalimentación de lo que estamos haciendo en nuestro día a día.

Hemos platicado con colaboradores de algunas empresas a nivel piso y muchos están desanimados o fastidiados, porque todo se ha vuelto una rutina y realmente nadie valora ni les dice qué está bien o qué está mal; esto para tu organización es un riesgo, porque si no le decimos a la gente que están haciendo bien o lo que está haciendo mal, simplemente no hay un aprendizaje y puedes tener el problema de que lo que están haciendo bien, como nadie lo nota, lo dejen de hacer, porque en su cabeza está que eso no importa. O si están haciendo muchas cosas mal y no tienen esta evaluación del desempeño, van a tener la sensación de que a la organización no le importa y lo van a seguir haciendo.

La evaluación de desempeño es un proceso continuo que lo que busca como finalidad óptima es ayudar a que el desempeño de la organización se incremente.

Puedes programar los periodos en los que vas a realizar una evaluación del desempeño para cerrar ciclos con los colaboradores, esto te va a dar información de aquellos posibles candidatos que pueden ser promovidos porque están teniendo un buen desempeño. Si tú haces esto, cuando haya una vacante podrás cubrirla con tu mismo personal interno, ya que los conoces y qué mejor que hacerlo con gente que ya conoce y habla la cultura organizacional.

La evaluación de desempeño ayuda a que de una manera objetiva determines si un empleado está cumpliendo o no con las expectativas que se esperan de ellos. Si no tiene esta retroalimentación, puede pensar que está haciendo un trabajo fabuloso, cuando a la vista de jefes o compañeros realmente está haciendo un trabajo que no es de excelencia.

La evaluación del desempeño es una herramienta para clarificar las expectativas y establecer nuevos retos para los colaboradores. Cuando ellos sienten esta necesidad de sentirse evaluados, estás haciendo colaboradores que sean importantes y que realicen cambios grandes dentro de tu organización.

Los beneficios de hacer una evaluación de desempeño son, en primer lugar, que te ayuda a volver a comunicar cuáles son los objetivos de la organización o del puesto, a volver a refrescar en la mente de estas personas qué es lo que se tiene que hacer, lo que se espera de ellas y vuelves a encausar a los colaboradores.

También tiene el beneficio de que provee información para la toma de decisiones. Al hacer una evaluación clara de desempeño, vas a tener mucha información clave para hacer tus programas de capacitación, para ver por qué no están llegando a las metas, para retroalimentar a jefes, etc.

Otro beneficio para la organización es que te va a dar unas bases objetivas para hacer aumentos en el salario, promociones, en general tomar acciones con el personal, implementar ciertos bonos, incentivos, para propiciar una cultura de alto desempeño.

Todo esto es como beneficio para la organización, pero también existen ventajas para la gerencia o para el equipo de trabajo. Concretamente, tiene 4 beneficios:

El primero es que identifica y recompensa a los mejores colaboradores. Todos necesitamos reconocimientos, todos necesitamos sentirnos valorados. Tener este tipo de herramientas objetivas fomenta una cultura de que deseo del reconocimiento, ya sea en un mural como empleado del mes, por ejemplo, en general, un reconocimiento por hacer las cosas bien.

Otra cosa que identifica son aquellos colaboradores que tiene áreas de oportunidad o les falta entrenamiento. Si atiendes eso, vas a tener menos problemas en el futuro.

También va a mejorar la productividad general del empleado, porque como va a recibir retroalimentación de lo que tiene que mejorar sube el objetivo y lo saca de su zona de conforto.

Finalmente, ayuda a identificar necesidades de capacitación a lo largo de toda la organización y vas a poder hacer programas muy específicos para cada uno de los departamentos de la empresa.

Por otro lado, los beneficios para el colaborador son, en primer lugar, aclararle cómo se ha venido desempeñando, le va a proveer un reconocimiento por los logros alcanzados y también le va a hacer tomar responsabilidad por las cosas que ha dejado de hacer o por las cosas que está haciendo muy bien.

Cuidados en la Evaluación de Desempeño

En este apartado te vamos a recomendar algunos cuidados importantes para que la evaluación de desempeño no se salga de las manos y tengas éxito al implementarla.

En primer lugar, te tienes que asegurar de que tenga una preparación. Es decir, que sea creada para evaluar objetivamente a los colaboradores sin tendencias y que sea lo más numérica posible.

En una ocasión, un corporativo muy grande que tiene casi 7000 colaboradores nos hablaron porque tenían un problema muy grande en su clima laboral y en el ambiente entre los diferentes departamentos porque la evaluación de desempeño se les salió de las manos. El instrumento que utilizaron generó demasiada expectativa en la gente, lo que ocasionó un clima laboral muy desfavorable para la organización.

Cuando haces una evaluación de desempeño, si te mantienes en lo objetivo y en lo numérico ayuda a no levantar expectativas falsas en los colaboradores, además de que quita este miedo o ansiedad por decir la verdad.

Otro punto importante que debes cuidar es el asegurar una participación activa de los colaboradores. Invítalos a participar, no lo hagas de manera selectiva sólo para ciertas áreas. Debes asegurarte de alentar a los empleados a que digan la verdad y que se expresen libremente. Si lo haces hacia toda la organización, tienes que tener un programa muy bien ejecutado para que no filtre información de qué estás preguntando, que sea lo más objetiva posible y que ayude a que los jefes a tener claro el porqué estás haciendo una evaluación de desempeño, ya que muchas veces la gente tiene miedo de responder cierta cosas porque el jefe o supervisor puede tomar represalias.

Debes tener una actitud positiva cuando realices una evaluación de desempeño. Al momento de implementarla, tienes que asegurarte de hacer sentir a tus empleados cómodos y seguros, además de transmitirles que esto es un momento de madurez para la organización, constructivo, positivo y necesario para garantizar el futuro. Tienes que tener muy claro el mensaje que vas a enviar al momento de implementarlo para que los colaboradores se sientan cómodos y fluyan en la evaluación que tú vas a hacer.

Al colaborador le debe quedar claro que lo que buscas es encontrar una solución mutua a los problemas que pudieran estarse presentando dentro de la organización. Debe de quedar claro que están trabajando juntos para encontrar soluciones reales. No levantes expectativas ni te comprometas, simplemente debes decirles que este es un proceso de madurez dentro de la organización y que juntos deben encontrar soluciones a las áreas de oportunidad que se encuentren luego de interpretar los resultados de esta evaluación de desempeño.

También es importante que realices un establecimiento de nuevas metas. Es decir, que todos tengan claro que al hacer una evaluación de desempeño también les va a ayudar a preparar y establecer las nuevas metas para ser logradas en el siguiente periodo por el colaborador, siempre con una pizca de mejora. Debemos cambiar el chip en el colaborador de que la evaluación es para evidenciar fallas, sino más bien para asegurar que tenga nuevos retos y que siga creciendo dentro de la organización.

Es muy importante que cuando haces la evaluación de desempeño todo lo que utilizas dentro de los ítems de esta evaluación, tengan escenarios ideales, información clara que el colaborador entienda. Una evaluación de desempeño que se implementó en otra organización normalmente no va a servir para la tuya, debe tener cierto cuidado o cierta tropicalización. Asegúrate que la evaluación de desempeño que vayas a implementar cumpla y sea competente con tu cultura organizacional.

Tipos de Evaluación de Desempeño

En este apartado vamos a compartir los diferentes tipos de evaluación que existen. Todas tienen el objetivo de mejorar; de acuerdo al momento que esté viviendo tu organización o al departamento en el que se quiera implementar la evaluación de desempeño, tú decidirás cuál es la que más aplica.

Tenemos la evaluación a manera de checklist, que es la más común, donde el supervisor escoge de una lista de descripción de comportamiento las más adecuadas y de ahí armar una lista, poniéndole un peso especifico a cada una de las preguntas, y responder a cada pregunta basado en el comportamiento que está teniendo su colaborador. Ésta es una evaluación que maneja lo objetivo, que puede ser numérico, pero a la vez da la libertad de escuchar qué es lo que el jefe inmediato puede decir del colaborador.

Otro tipo de evaluación es la evaluación del incidente crítico. Ésta se enfoca en mostrar ciertos comportamientos y le señala al empleado si los ha realizado o no. Es una retroalimentación muy objetiva porque los datos no mienten. Aquí el colaborador, de una manera muy lógica y muy amigable, va a poder identificar las cosas que está haciendo mal o reconocer lo que está haciendo bien.

También tenemos la evaluación de ensayo, donde se realiza un documento narrativo por escrito donde el supervisor describe el desempeño del empleado. Es una evaluación totalmente abierta donde se le da la libertad al supervisor de expresarse a manera de ensayo acerca de lo que piensa realmente del colaborador. Este tipo de evaluación puede permitir un poco la subjetividad, pero también es una manera creativa de implementar la evaluación del desempeño. No la puedes hacer para un número grande de personas porque al final no vas a alcanzar a revisar e implementar las acciones especificas que este tipo de evaluaciones sugieren una vez que se terminan.

La más fácil y que, además, es un proceso que se puede automatizar es la evaluación de opción múltiple, donde el supervisor selecciona dentro de dos o más opciones el comportamiento que más describa al empleado. Esta al final a manera de estadísticas te da una información muy clara del comportamiento o desempeño que está teniendo el colaborador. Si requieres una herramientas tecnológica que ya está automatizada, no dudes en buscarla, porque muchas veces queremos hacer lo mismo de la manera tradicional: en papel y luego retroalimentar la evaluación, pero esto finalmente son semanas de trabajo que podrías ocupar en otras cosas.

Qué hacer y qué no hacer en la Evaluación de Desempeño –

QUÉ HACER:

Lo primero es que le des confianza a tus colaboradores para participar en esta evaluación. Dales un mensaje claro, habla con sus supervisores, con sus jefes para que haya una congruencia en la confianza que tú le das como Recursos Humanos y que también sus supervisores les den esa confianza para que se sientan libres de responder la evaluación de desempeño.

Asegúrate de ser especifico cuando hables de las fortalezas y debilidades. Una vez que ya tienes la retroalimentación y que ya vas a hablar con el colaborador, tienes que ser muy especifico y hablarle con datos, para señalarle muy claramente cuáles son las fortalezas y debilidades. Nosotros recomendamos, para hacer este tipo de retroalimentación, usar la retroalimentación "del sándwich": empezar y terminar con cosas positivas, en medio es donde vas a mencionar las debilidades que se encontró en la evaluación del desempeño a ese colaborador.

Si haces el sándwich de la retroalimentación vas a poder abrir y cerrar ese momento que finalmente va a traer crecimiento para tu personal y para la organización.

Asegúrate que una vez que termines des un tiempo para que el colaborador se exprese y escucha las inquietudes que tiene que decir. Siempre mantente enfocado en no levantar una expectativa o decirle que vas a hacer algo. Tú postura debe ser simplemente escuchar para tener acciones muy precisas a implementar.

Debes decirle cuáles van a ser los siguientes pasos a seguir en relación a esta evaluación de desempeño, porque muchas veces se hacen, se da la retroalimentación y luego ya no pasa nada.

Asegúrate que todo el proceso esté claro, incluida la implementación de lo que va a suceder posterior a la evaluación.

Cierra la evaluación con el colaborador haciendo un resumen y documentando los compromisos en relación a la evaluación de la cual acabas de retroalimentarlo. Esto le da mucha formalidad y seriedad para que el colaborador se sienta confiado y en futuras evaluaciones tengas la cooperación de ellos, ya que son una parte importante y trascendental para toda tu organización.

QUÉ <u>NO</u> HACER:

Asegúrate de no usar palabras o críticas negativas hacia las personas. A nadie nos gusta que nos hablen de esta manera, así que no lo hagas.

No compres los problemas del colaborador. Por eso recomendamos que siempre esté muy contenido este espacio de la retroalimentación, para que te mantengas en esta postura y no abras la expectativa de que le vas a solucionar la vida. Toma notas y si hay cosas que se tengan que hablar con el equipo de trabajo o con el jefe inmediato, en su momento lo hablaras.

Tampoco seas demasiado positivo y elogioso, haciendo creer que todo está perfecto. Tienes que mantener el equilibrio entre lo que está bien, lo que no está bien y lo que está mal.

Puede que tengas un lenguaje especifico en tu área, que puede llegar a ser muy técnico; asegúrate de no utilizar este tipo de lenguaje al momento de la retroalimentación. Dependiendo del nivel en el que hayas implementado la evaluación, las personas tienen un diferente nivel de comprensión y estudios, por eso debes asegurarte de hablar con cosas muy claras que un niño de 12 años te pueda entender. Siempre tenlo presente, porque cuando estamos tan inmiscuidos en lo que hacemos, pensamos que todo mundo habla el lenguaje técnico y la realidad es que no.

Asegúrate de no dominar la conversación. Tu colaborador debe hablar más del 60% de ese tiempo. Tiene que haber un juego, pero tú tienes que mantenerte en ese 40% dando la información clave para tener el compromiso o lo que quiera decirte el colaborador. Si no haces esto, el colaborador puede sentir que sólo le están diciendo lo que está mal, pero no le dejas expresar lo que él ve.

Este es un proceso muy rutinario, por lo que debes asegurarte de no parecer aburrido, que ya este es un proceso monótono para ti y que ese colaborador sólo es uno más en la lista. Date espacios, camina un poco, toma agua, para que siempre estés fresco, entusiasmado y con la mejor actitud.

CAPÍTULO VI

TERMINACIÓN

"Los reveses de la vida ocurren por algo, no lo olvides. Estoy seguro de que este obstáculo es sólo el trampolín para saltar a algo mejor".
— Anónimo

Terminación Laboral

Este tema es muy delicado porque si no se sabe manejar de una manera adecuada, genera muchos problemas a la organización y contamina el ambiente de trabajo. Una vez que termines de leer este apartado, te recomendamos que analices cómo estás llevando a cabo actualmente este proceso.

Cuando hablamos de terminación laboral, ésta incluye dos puntos: la renuncia, que normalmente es voluntaria, y el despido, cuando es involuntario y normalmente está ligado a una causa justificada.

Cuando se va a despedir a un colaborador, el empleador debe hacerlo por causas muy concretas, como por ejemplo un bajo o mal desempeño del colaborador. Si tú tienes indicadores o continuamente haces evaluaciones de desempeño, toda esta información va a ser muy valiosa para hablar con datos y comentarle a la persona cuáles son las causas del despido.

Es muy importante que cuando ya estemos en ese momento, le podamos mostrar las actitudes que van en contra de lo que la organización espera, hacérselo notar y que vea que esta es una causa que si la sigue repitiendo en otro trabajo le va a pasar lo mismo. Todo lo que sea una mala conducta lo debemos señalar con datos precisos y concretos para que este momento incomodo también sea de aprendizaje y de evolución para esa persona. Muchas veces se da de baja a una persona y nunca le dijeron porqué o nunca le explicaron que malos comportamientos tiene; para él, va a ser algo cotidiano o normal y nunca aprendió que eso estaba mal visto para una organización. Ayudemos a que la gente que se va de tu empresa se sienta agradecida porque le estás dando una retroalimentación honesta de lo que está mal.

También puede ser que una causa de despido sea porque las necesidades del negocio cambiaron. Es decir, se tiene que reducir personal por una cuestión estratégica, porque no estás teniendo las ventas que necesitas o porque el negocio cambio de giro. Aquí también debes tener un trato muy amigable y muy humano porque finalmente una persona que estaba trabajando contigo no se esperaba esta situación. Como Recursos Humanos, sí es importante que busques junto con la Dirección las mejores opciones para finiquitar a esta gente porque finalmente estamos moviendo un esquema que ellos no se esperaban.

Algo que también debemos que recordar es que si existe un mal desempeño dentro de un equipo de trabajo o hay una mala disciplina, algo no está sucediendo o pasa algo que no va de acuerdo a los valores de la organización, cualquier gerente debe actuar de inmediato y terminar con esta situación. No lo hagas impulsivamente. Primero reúnete con el personal de Recursos Humanos, hablen la situación, vean siguientes pasos y una vez que ya estén en acuerdo, terminen esa situación.

Cuando ya hayan decidido lo que va a pasar con esa persona o personas, deben asegurarse de reunir al equipo y mencionar porqué esta persona fue despedida. Es decir, tú ya sacaste a este colaborador, ya Recursos Humanos hizo su trabajo, se finiquitó y como esta persona ya no va a estar dentro de tu equipo, si suceden algunas situaciones de angustia en los compañeros porque no saben si ellos van a seguir o no sabe por qué se fue. Como líder, lo que tienes que hacer es hablar con datos muy concretos y explicar cuál fue la situación del despido.

La disciplina progresiva o las actas administrativas son una práctica que puede ayudarte legalmente a no dar una indemnización si existen varios antecedentes de que hubo avisos al colaborador. Recomendamos que esto lo revises de acuerdo a tu sector, a tu país, porque pueden cambiar ciertas leyes, pero en la mayoría de los casos cuando hay una incidencia de mal comportamiento, se considera una causa de despido justificado.

El terminar la relación con un colaborador es una de las funciones más difíciles que tenemos como líderes o jefes, es algo que debemos ir aprendiendo, perfeccionando y no dejar que nos afecte. Una frase que siempre compartimos al respecto es que seas lento para contratar y rápido para despedir. Si ves un comportamiento dañino que no es lo que esperas inmediatamente toma acción y haz lo que debas hacer.

Algunos puntos a tomar en cuenta antes de terminar una relación con algún colaborador son:

- Siempre considera si para dar de baja a esta persona hay una causa justificada, si fue la primera vez o hubo varias incidencias. Si no es la primera vez, está justificado. Pero si es la primera vez, probablemente no lo tengas que dar de baja. Cada caso es diferente.

- Hay que hacer la revisión con el jefe y Recursos Humanos de ver si realmente se le dio todo el entrenamiento y las herramientas que la persona necesitaba para desarrollarse, si se certificó una vez entrenado en el puesto, si continuamente se le dio un seguimiento para ver cómo estaba siendo su desempeño. Esto es algo muy humano porque no se trata nada más de despedir gente por despedirla; son personas y eso va a afectar a su familia y su seguridad. Si haces estas preguntas antes de tomar la decisión, podemos asegurarte que vas a ser un supervisor o un jefe muy consciente y humano.

Hay dos preguntas que te recomendamos hacerte antes de tomar la decisión:

¿Eres capaz de explicarle a esa persona cuáles son los motivos de la terminación de la relación laboral? Si no tienes información clara de cuáles son estos motivos, tienes que ir por esa información o tomar alguna acción diferente.

¿Vas a tener la capacidad de realmente explicarle a sus compañeros de trabajo por qué se fue la persona? Ésta es una práctica que te recomendamos hacer previo a una terminación laboral ya que puede ayudarte a que este proceso sea muy profesional, muy ético y, sobre todo, humano.

Procedimiento de Terminación Laboral

Vamos a compartirte el procedimiento de cómo se debe llevar a cabo una terminación laboral con cualquier colaborador de tu empresa. Es muy importante que esto lo abordes de una manera clara y sin rodeos porque estamos trabajando con personas y cuando damos de baja a alguien se ve afectado su entorno, sus situaciones, él mismo y debemos asegurar ciertas cosas para que sea una experiencia lo mejor posible, cordial y que al final todo quede en buenos términos con el objetivo de evitar cualquier problema legal, de demanda o de situaciones que desenfocan en daños al prestigio de tu organización.

Antes de tener la reunión con este colaborador que se va a dar de baja es fundamental escribir un memo de recomendaciones de terminación y obtener las observaciones necesarias. Tenemos que tomar en cuenta diferentes factores y actores para que esta baja no vaya a dañar a la organización.

Si es una persona que sale y su puesto va a quedar como vacante debemos empezar a solicitar quién va a cubrir esa vacante, para que ese espacio no se quede mucho tiempo desocupado, porque va a afectar a la operación y al equipo de trabajo.

Puedes considerar todos los elementos claves para que tengas los datos de porqué lo estás dando de baja, cuáles van a ser las condiciones del finiquito, los acuerdos a los que puedes llegar. Porque si tú no te preparas antes de la reunión, ya en la situación real puede hacerte falta esta información y por la falta de preparación puede ocasionar un desenlace no positivo para tu empresa.

Nos gusta hablar de crear un memorándum de recomendaciones de terminación porque no nada más es trabajo de Recursos Humanos, también debemos involucrar al jefe inmediato y si todos están de acuerdo, al final quien gana es la empresa y el colaborador se va a ir de una manera limpia y cordial.

Si hay personas que se van a involucrar porque es un nivel gerencial o directivo y esto va afectar el ambiente hay que notificar a los colegas que se requiera de una manera sigilosa o confidencial lo que va a suceder, para que también estén alertas de observar cómo está va a afectar a los compañeros de trabajo.

Siempre es importante tener un lugar digno para hacer este momento de terminación laboral y prever con tiempo alguna sala especifica donde no vaya a haber interrupciones y donde el colaborador se pueda sentir cómodo y no amenazado.

Otro punto fundamental es que estés preparado en los puntos a tratar en la junta, es decir, que tengas claridad en todo lo que se va a decir, que tengas datos concretos, porque si no estuviste involucrado en la situación por la que se está dando la baja y no tienes la información, el colaborador al que se le va a dar la terminación se puede poner a la defensiva o no sabes cómo va a reaccionar y si no tienes la información, eso también puede desencadenar en algún problema y en un mal momento para ambas partes.

Cuando ya vas a esta junta, debes tener claros los diferentes tipos de negociación que vas a hacer acordes al finiquito para que no tengas que salirte de ahí y dejes al colaborador solo. Tienes que llegar con todos los elementos necesarios para que este momento sea ágil y rápidamente puedan continuar con sus vidas.

Debes tener identificado dentro de este memorándum que te comentamos cuáles son los datos, las llaves, las tarjetas, que la persona te debe entregar en relación a su trabajo, para que inmediatamente, una vez que se dio la baja, puedas tener el checklist y acompañarlo a su lugar de trabajo para que se haga entrega de todo lo que requiere para que no haya ningún problema en el futuro. Muchas veces, aunque quede una relación sana con el colaborador, estarlo molestando después no va a haber tanta disposición de su parte para colaborar. Para evitar eso en el futuro, mejor hacerlo en el momento correcto.

Si es el jefe o supervisor quien va a dar de baja a la persona, de todas maneras recomendamos que esté presente alguien del staff de Recursos Humanos, porque ellos tienen mucha información y preparación al respecto, que muchas veces no tiene el jefe inmediato del colaborador que se está dando de baja.

Cuando ya estamos en la junta, dando de baja a esta persona, es muy importante explicar con datos claros cuál es la razón por la que se está dando esta terminación laboral; clarificar de manera firme que la decisión es irreversible y no es negociable, para que la persona no quiera prometer que se va a portar diferente y te pida otra oportunidad. Si ya es irreversible la decisión, se lo tienes que informar desde el principio de la junta.

También es importante mencionar la manera en que la organización acordó que sería su liquidación.

Una vez que esto ya está acordado, se debe proceder por parte del empleado a recoger todo lo que sean llaves, ID's, passwords, laptops, información física que maneje. También de esto es importante hacer un checklist para que todo quedé entregado.

Si es política de tu empresa, recuérdale también que si acepta el finiquito, como Recursos Humanos vas a estar abierto a dar referencias positivas del colaborador. Si fue un colaborador que cometió alguna falta de ética, robó o fue una situación de una incidencia de maltrato con compañeros, hazle saber si no vas a dar referencias para que no tenga una expectativa de que sí vas a dar referencias por su mal comportamiento.

Una vez que ya todo está claro, lo siguiente es recopilar las firmas del finiquito o de los acuerdos de indemnización, deberás acompañar de una manera digna al empleado a que recoja sus cosas. Recuerda que este proceso tiene que ser honorable y muy empático, porque es una persona y los compañeros que se den cuenta que se está dando la baja van a poder ver el tipo de líder que eres al momento que das una baja.

Recuerda que todos podemos hacer la diferencia dentro de la organización. Si hacemos este tipo de cosas de acuerdo a los procedimientos y tenemos el entrenamiento adecuado, no tiene porqué haber ningún problema al momento que des por terminada una relación laboral.

Esta labor no corresponde a Recursos Humanos, sino al jefe de la persona que fue dada de baja y es algo que debemos hacer para mantener cordialidad en las relaciones con el equipo de trabajo.

Imagina que el colaborador ya salió de la empresa, ya entregó todo lo que tenía que entregar y ahora lo que viene es voltear a ver a tu equipo de trabajo porque pueden estar experimentando ansiedad, si no tienen los datos concretos pueden empezar a hacer supuestos o chismes en relación al despido. Como jefe de este equipo de trabajo debes evitar que esta situación se den.

Inmediatamente el mismo día que se fue el colaborador, tienes que hacer una relación ágil donde le comentes a los compañeros de trabajo cuál fue la razón de su salida de una manera meramente objetiva. Razones que ellos mismos hallan podido visualizar en el día a día y no entres en más detalles. Enfócate a dar datos concretos. Una vez que esto ya les quedó claro termina la junta y continúen con su día a día con total normalidad.

Si alguien va a entrar para cubrir la vacante, apoya a estas personas que se van a ver afectadas para que no experimente estrés o ansiedad por la salida y diles cómo van a contener esta situación en lo que llega el nuevo integrante del equipo de trabajo.

Una vez que se terminó esta junta, ya sea el jefe o la persona que lo tenga que hacer deberá notificar al resto del staff de la organización, clientes y proveedores de la salida. Esto es muy importante hacerlo porque es la imagen de tu compañía. Puedes, por ejemplo, enviar un comunicado oficial de parte de la organización, dependiendo del nivel en el que haya estado esta persona y se avisa que ya no forma parte de la empresa. También, si son vendedores o es una dirección comercial, puedes hacer una llamada donde se avise de esta baja. No necesitas explicar el porqué en este caso, simplemente explícales que todo va a estar bien, que pronto va a estar la nueva persona (si ya la tienes elegida, puedes de una vez compartir su nombre). El punto es también dar tranquilidad a tus clientes y proveedores para que todo esté lo más normal posible.

Es importante escribir un reporte de salida, donde ya con los datos y con los acuerdos finales del finiquito quede documentada cuál es la causa de salida del colaborador. Somos de la idea de que todo esto debe estar en un sistema y en un sólo lugar porque hay organizaciones muy grandes donde varias personas son las encargadas de dar salida a los colaboradores y luego no se comunican que ya salió cierta persona operativa. Entonces, después de cierto tiempo, otro elemento del staff de Recursos Humanos lo vuelve a contratar por no saber justamente que ya había sido dado de baja y es hasta que esta persona está en la planta que nos damos cuenta que está de regreso. Todo por falta de comunicación y no tener un sistema que les ayude a cuidar todos estos detalles.

Es muy importante que consideres todo esto porque finalmente son malos momentos que perjudican el ambiente laboral y que mandan un mensaje de que la información de Recursos Humanos no está organizada.

También debes darle seguimiento a las actividades y compromisos pendientes que sucedieron posteriormente a la salida. Es decir, cómo va el seguimiento con la vacante, qué cosas es necesario llevar a cabo con los colaboradores, para que todo siga funcionando de la mejor manera.

A continuación te vamos a compartir las cosas que NO debes hacer cuando reúnes al equipo de trabajo para explicarles cuál fue la situación con el colaborador o compañero que se fue:

- En primer lugar, no hagas una junta larga. Con 10 minutos es suficiente, porque te tienes que enfocar a datos concretos.

- No llegues a la defensiva con el equipo de trabajo, ni hablando mal de esta persona. Simplemente es alguien que ya no forma parte del equipo y es lo único que el equipo debe entender.

- No tomes nada personal. Si esta persona hizo daño al equipo o le hizo daño a tu organización, no hables de esto. Esto déjalo en el pasado y sigan avanzando hacia delante.

- No hagas bromas al respecto que nada más va a hacer sentir mal a los colaboradores. Enfócate sólo en los datos.

- Puede ser que el equipo cuando sabe la noticia de porqué se fue, pueden sacar ciertas situaciones que te hagan comprometerte. No hagas promesas, simplemente escucha. Si hay algo que tenga que ver con la empresa y que vas a resolver más adelante, dilo después, no aproveches ese momento para hacerte ver como el súper jefe.

- No te involucres compasivamente. Si los colaboradores empieza a sentir pena por la persona que se fue, tienes que ser frío, ya que si se fue, es porque tomaron la decisión y había muchos datos importantes de porque esa persona ya no tenía porque ser parte del equipo.

- No dejes cabos sueltos. Antes de finalizar esta reunión, asegúrate de que a nadie le quede ninguna inquietud. Si algo se quedó pendiente con este colaborador que se fue, ayuda a cerrar ese ciclo y sé un facilitador.

¡GRACIAS!

Queremos agradecerte enormemente por haber comprado este libro y además felicitarte por haberlo terminado de leer, eres del 1% que tiene la oportunidad de tomar y lograr más éxito.

También queremos darte algunas recomendaciones finales que te ayudarán a conseguir lo que deseas en un menor tiempo y con mejores resultados:

1. **No regales este libro:** Mejor compra otro y regálalo con una dedicatoria especial para aquella persona, verás que esto le hará el día y además te permitirá volver a leer este libro una y otra vez para que vayas teniendo nuevos aprendizajes, pues cada vez que lo lees estarás preparado para recibir cierta información.

2. **Pon en práctica de inmediato** lo aprendido: No dejes pasar ni un instante para empezar a practicar, olvídate de la pena (la pena para nada sirve y para todo estorba) y comienza a tener excelentes resultados, y

3. **Visita, suscríbete y comparte nuestros Videos de YouTube:** hemos creado una enorme cantidad de

videos gratuitos para que puedas ir perfeccionando tus habilidades de venta, ¡no dejes pasar esta oportunidad, búscanos en IGNIUSTV.

Estamos al pendiente y para apoyarte en el perfeccionamiento de tus técnicas de ventas, escríbenos a: info@ignius.com.mx

¡Todo el Éxito!

Ana María Godínez y Gustavo Hernández

Solicitud de Información

Por favor envíenme información acerca de: Próximos talleres y eventos, Adquisición de libros, Servicios especializados de asesoría.

Nombre: _____

Compañía: _____

Teléfono:_____ (_____)

Dirección:_____

Ciudad:_____ Estado:_____

C.P:_____ País:_____

Para recibir la información señalada, favor de enviar este Email a: info@ignius.com.mx   o llámanos al teléfono +52 (477) 773-0005.

f

Made in United States
Troutdale, OR
09/02/2024